U0487743

商务英语
教学理论与应用研究

胡文捷◎著

中国人口与健康出版社
China Population and Health Publishing House
全国百佳图书出版单位

图书在版编目（CIP）数据

商务英语教学理论与应用研究 / 胡文捷著 . -- 北京：中国人口与健康出版社，2025.2. -- ISBN 978-7-5238-0139-0

Ⅰ . F7

中国国家版本馆 CIP 数据核字第 20240U7L15 号

商务英语教学理论与应用研究
SHANGWU YINGYU JIAOXUE LILUN YU YINGYONG YANJIU

胡文捷　著

责 任 编 辑	曾迎新
责 任 设 计	杨仲麟
责 任 印 制	王艳如　任伟英
出 版 发 行	中国人口与健康出版社
印　　　　刷	三河市龙大印装有限公司
开　　　　本	710 毫米 ×1000 毫米 1/16
印　　　　张	15
字　　　　数	210 千字
版　　　　次	2025 年 2 月第 1 版
印　　　　次	2025 年 2 月第 1 次印刷
书　　　　号	ISBN 978-7-5238-0139-0
定　　　　价	89.00 元

微 信 ID	中国人口与健康出版社
图 书 订 购	中国人口与健康出版社天猫旗舰店
新 浪 微 博	@ 中国人口与健康出版社
电 子 信 箱	rkcbs@126.com
总编室电话	（010）83519392　发行部电话　（010）83557247
办公室电话	（010）83519400　网销部电话　（010）83530809
传　　　真	（010）83519400
地　　　址	北京市海淀区交大东路甲 36 号
邮　　　编	100044

版权所有·侵权必究

如有印装问题，请与本社发行部联系调换（电话：15811070262）

前言
PREFACE

鉴于经济全球化趋势日益显著，商品、资本、服务、技术、信息及人才在全球范围内呈现出前所未有的高速流动态势，中国与世界各地的商务往来也更加紧密，其规模和范围均呈现出显著增长。在中国推动高质量建设"一带一路"的背景下，培养一流国际商务英语人才是高等教育服务"一带一路"的关键，而一流人才的标准是具备流利的外语、高超的跨文化交流能力和扎实的经贸知识。为满足这一市场需求，众多有条件的学校积极开设商务英语专业，旨在通过系统的商务英语教学，有效提升学生的商务知识储备，并着重培养学生的语言能力、跨文化交际能力和创新能力。

笔者撰写的《商务英语教学理论与应用研究》一书，在内容编排上共设置五章：第一章作为本书论述的基础和前提，主要阐释商务英语教学的基础理论，其中包括对教师的要求、教学原则与思想，以及教学中的中华优秀文化；第二章从听力、口语、阅读、写作与翻译教学五个方面阐述了商务英语教学的内容体系；第三章论述了商务英语教学的体验学习法、合作学习教学法以及案例教学法；第四章提出了商务英语人才培养及基本途径、多元化模式、培养方案，实用型人才的培养方向及教学优化方法；第五章围绕商务英语教学中语用学的应用、多模态教学的应用，以及混合式教学的应用进行探讨。

全书既包含了商务英语教学的基本理论与方法，也探索了商务英语教学的理论与方法在实践中的应用，旨在让读者对商务英语教学有一个全面的认识。

本书在撰写时参考了很多相关专家的研究文献，也得到了许多专家和老师的帮助，在此真诚地表示感谢。在成书过程中，笔者翻阅了大量资料，进行了多次修改与校验，但限于笔者水平，书中难免会有疏漏，恳请广大读者批评指正。

目 录
CONTENTS

第一章　商务英语教学的基础理论 // 001

第一节　商务英语及其对教师的要求 // 003

第二节　商务英语教学原则与思想 // 022

第三节　商务英语教学中的中华优秀文化 // 028

第二章　商务英语教学的内容体系 // 037

第一节　商务英语听力教学 // 039

第二节　商务英语口语教学 // 044

第三节　商务英语阅读教学 // 047

第四节　商务英语写作教学 // 050

第五节　商务英语翻译教学 // 053

第六节　商务英语翻译教学的内容构建 // 073

第三章　商务英语教学的方法审视 // 127

第一节　商务英语教学——体验学习法 // 129

第二节　商务英语教学——合作学习教学法 // 136

第三节　商务英语教学——案例教学法 // 140

第四节　商务英语教学的策略分析 // 144

第四章　商务英语教学的人才培养 // 161

第一节　商务英语人才培养及基本途径 // 163

第二节　商务英语教学中的人才培养方案 // 171

第三节　商务英语教学及实用型人才培养 // 175

第五章　其他理论与方法在商务英语教学中的应用研究 // 201

第一节　商务英语教学中语用学的应用 // 203

第二节　商务英语教学中多模态教学的应用 // 206

第三节　商务英语教学中混合式教学的应用 // 210

参考文献 // 223

第一章

商务英语教学的基础理论

第一节　商务英语及其对教师的要求

一、商务英语概述

（一）商务英语的内涵

商务英语是英语的一个重要分支，称之为"Business English"。简而言之，商务英语主要指用于世界各国商务活动中的英语。英语一旦与商务活动相联系，就会涉及商务英语的形式。早期，商务英语的内涵和应用比较狭窄，只应用于对外贸易。因此，商务英语有了另一个名称，即外贸英语。商务英语作为经济全球化与贸易国际化背景下孕育的学科，具有独特的应用语言学特征。目前，在中国，商务英语已发展成为一门融合语言和商务两个核心领域的交叉学科。其理论体系不仅涵盖了语言学的基本原理，还深入探索了跨文化交际学、经济学、管理学以及教育学等多个学科领域的精髓。

从商务英语的内涵可以看出，商务英语主要由商务活动和英语两大元素组成，其以英语为传播媒介，传播与商务活动相关的内容。因此，商务英语具有普通英语所不具有的特色——商务特色，是商务活动与英语的相互作用、相互促进、相互融合的产物。商务英语发挥的重要作用仅依靠商务活动与英语的简单叠加是远远无法企及的。[1]

在商务活动环境中，人们广泛应用语言。商务活动与语言之间存在密切的联系，语言的使用在很大程度上影响商务活动的顺利进行，

---

[1] 段云礼.实用商务英语翻译（第2版）[M].北京：对外经济贸易大学出版社，2013：2.

而商务活动的开展也在一定程度上影响语言的使用方式。从事商务活动的人必须根据商务活动特点，选择恰当的语言表达方式。而在英语语言环境的国际商务活动中，更需要发挥商务英语的实用性、专业性、针对性，并根据商务活动的特点进行准确、规范的商务交流与沟通。

对于国际商务活动，涉及的范围、内容、领域比较广泛，必须符合客观性、现实性需求。为了保证国际商务活动的顺利进行，商务英语应运而生，涵盖了丰富的专业术语、词汇及短语。这些语言信息都与商务活动密切相关。因此，从事商务活动的人必须采用准确、得体的商务用语，否则会影响商务活动的顺利开展。需要注意的是，在商务活动中，从事商务活动的人不仅需要熟练掌握商务词汇，还需要灵活、自如地应对商务活动中各种问题，同时掌握行业套语、专业术语、商务表达、语言转换等相关专业知识。商务英语是英语发展的产物，是英语的一种重要变体。同时，商务英语和旅游英语、科技英语、法律英语等一样，都是专门用途英语。它们之间存在的共同点是同属于英语范畴，具有英语基本语言基础和语言学特征。

尽管商务英语是英语的产物，但由于自身商务属性，又形成了其独有的特色。另外，商务英语的主要应用环境是商务环境，是中国与世界各国进行商务交流和商务往来的重要语言工具。商务英语既包含基础的英语语言知识与理论知识，也包含专业的翻译知识，同时包含表达方式、人际关系等内容。因此，从商务英语的语言结构来看，商务英语除了涉及专业用语表达以外，还有很多委婉语。这些委婉语在商务活动中可以应用于不同的场合和对象。除此之外，商务英语无论是以口语的形式出现，还是以书面语的形式出现，使用者都必须注意商务英语语言的准确性、表达的得体性以及使用场合的适用性。

综上所述，商务英语经历了长时间的归纳与研究，其概念内涵已大幅超越初期仅限于国际贸易的狭义定义，发展成为涵盖"大商务"领域的综合性语言体系。商务英语源于英语这一全球通用语言，其作为一种特殊的社会功能变体，鲜明地展现出专门用途英语所具备的一般特征，为商务沟通提供了坚实的基础。商务英语在专业性上独树一帜，其词汇、句法和文体结构均呈现出高度的专业化，为商务活动提供了精准而有效的表达工具。商务英语作为商务交际中的桥梁，不仅协调着各方的价值判断与互动交流，还承担着评价反馈、行为规范以及情境适应等多重功能，为商务活动的顺利进行提供了有力的保障。商务英语在商务环境中的应用范围极为广泛，不仅与国际商务活动紧密相连，涵盖了经济、管理、商法、外交等多个领域，还延伸至媒体、社交等可能出现国际商务事宜的场合，成为国际商务交流中不可或缺的语言工具。商务英语以其独特的交际功能，成为人们在国际商务活动中实现有效沟通的重要工具，它不仅是人们进行跨文化国际商务交流的媒介，更是推动全球经济一体化和文化交流互鉴的重要力量。

（二）商务英语的概念辨析

1. 商务英语语言系统和商务英语话语

商务英语语言是一个整体概念，是指作为语言本体的商务英语，可以从两个方面进行分析，分别是商务英语语言系统和商务英语话语。商务英语语言系统是从商务英语的词汇、句法和文体特征出发，将商务英语语言看成一个独立的系统，并根据商务英语语言系统和商务英语语言本体特点而界定的定义。这个层面强调商务英语的教学特性，以对这个系统的词法、句法、语篇等研究为基础，作为商务英语的教学依据，来开展商务英语的教学活动。

商务英语话语更强调商务英语语言与商务语境的关系，尤其是商务语境中口语和书面语的功能使用，就是将商务英语作为商务交际工具，关注商务英语语言的交际属性，强调商务英语话语是商务交际情境中的商务英语语言。这个层面的商务英语话语更加关注在商务组织和商务情境下的商务人士如何用语言进行有效的沟通与交流。

商务英语语言系统和商务英语话语是商务英语语言的一个事物的两个层面。两者既有内容重叠，又有内容区分。两个层面的视角不同，前者基于语言的系统观，是相对静态的分析方法，而后者基于话语的语境观，具有相对灵活、动态的特点，并与商务语境紧密关联，关注和强调的是在语境中使用与辨析。

2.普通商务英语和专业商务英语

普通商务英语和专业商务英语因其具有商务英语语言的一般属性，都属于商务英语语言本体范畴。商务英语形成以来，为了更好地、更有针对性地开展商务英语教育教学活动，商务英语研究者们和教育者们根据商务英语对话情境中所含的商务词汇的比重以及商务语篇中所含的商务知识的专业性程度划分出了普通商务英语和专业商务英语。普通商务英语是指带有国际商务基本特征，包括了国际商务领域和国际商务活动中常用的英语。它通常含有少量的商务英语专业词汇或半专业词汇，主要涉及国际商务活动各领域中的一般的、常识性的概念、知识和背景，一般不需要通过专门的商务内容学习也可以理解和掌握其意义。专业商务英语则注重用英语描述和表达国际商务某一领域的知识和背景。专业商务英语的专业性更强，其专业词汇和专业内容比重更大，知识更深刻也更广泛，需要经过专门的学习才能掌握和理解这些专业词汇、专业内容和专业理论。

普通商务英语教育目的是使学习者了解一般的国际商务活动相关领域的常用概念、知识与背景，掌握它们的基本意义，并学会用英语恰当地将它们表达出来。普通商务英语的教学对象一般是商务英语专业的低年级学习者、非商务英语专业的学习者以及任何对商务英语有一定兴趣的人士。专业商务英语的教学目标是培养那些已经掌握普通商务英语基础知识的学习者，使他们成为国际商务领域中拥有深厚知识与技能和英语语言功底扎实的人才。因此，专业商务英语教学需要包括某个国际商务领域系统的专业知识、更多的相关专业术语、更深的专业商务理论等。专业商务英语的教学对象一般是商务英语专业的高年级学习者。他们在学习了普通商务英语基础知识以及较为系统的国际商务基础知识后,已掌握了商务英语听、说、读、写、译基本技能。在此基础上,他们需要对其中某一领域进行更深入的专业学习,并能够运用商务英语对所学内容进行恰当、流畅的表达,最终完成国际商务沟通与交际任务。

普通商务英语和专业商务英语并非完全割裂、彼此独立,两者具有一些重叠和交叉的区域。但可以确定的是普通商务英语是专业商务英语的基础,专业商务英语是普通商务英语的高级阶段。在具体实施教育过程中,主要还是由施教者根据教育对象和教育目标的实际情况划分和确定。

(三)商务英语的构成要素

商务英语具有十分丰富的内涵和广泛的外延,是商务活动顺利进行的基础,并在国际商务活动交流与合作中发挥重要作用。尤其是随着中国综合国力的不断提升,中国在国际上的商务活动越来越多,商务英语也因此受到了越来越多的重视。作为英语与商务的结合体,商务英语集英语语言、商务专业知识、国际商务交际于一体,强调商务交流和商务沟通能力。英国商务英语专家布瑞格提出了"商务英语范畴理论"。该理论指出商务英语应包括五个方面的构成要素:语言知识、交际技能、专业知识、管理职能以及文化背景知识等。[1]

商务英语最为重要的用途是交际。从事商务活动的人必须具有很强的交际能力。这种能力是建立在优秀的语言能力基础上的。交际能力涉及的要求很广泛,不仅包括交际者理解和掌握语言的形式,还包括交际

---

[1] BRIEGER N.The York Associates Teaching Business English Handbook [M].New York:York Associates,1997:132.

者懂得在具体场合、面对不同的交际对象应该采取怎样的交际方式和交际语言。交际能力具体涉及五个方面：听力能力、口语能力、阅读能力、写作能力、社会能力。同时，交际能力强调得体性和达意性。在实践性方面，商务英语注重良好的实践交际能力。

就商务英语研究而言，商务背景是其研究的重点。在特定的商务活动环境中，商务交际者的交际技能和语言技能受到商务背景内容的影响和制约。商务交际技能，顾名思义，是在商务活动中商务交际者必须具备的一种技能。这种交际技能不仅涉及语言层面，还涉及非语言层面。鉴于商务活动的独特性质，它并不能随意决定语言的使用，而是与商务背景的具体内容以及商务交际者的交际技能具有紧密关系。换言之，在不同的商务活动中，有着不同的商务交际内容，其商务交际词汇也有所不同。众所周知，商务交际词汇在不同的商务背景、专业背景，以及上下文语境中都具有不同的内涵和意义。如果商务交际者不理解专业词汇的具体含义，或忽视词汇所处的上下文语境，就很难顺利进行商务交际和商务翻译活动。在交际实践过程中，具体的交际技能决定交际者将使用怎样的句型结构、说话语调以及说话节奏等。

除了专业人士需要掌握的商务词语以外，一些比较简单且被人们所熟悉的词汇、短语，也会因为商务英语的特殊性，在商务英语中引申出特殊的内涵和意义。通常而言，专业的背景知识信息决定译者对翻译词汇的选择。译者要准确完成翻译任务，必须掌握两种语言转换的理论知识，还要掌握商务英语所涉及的专业词汇、专业术语、专业表达。译者在进行具体的商务英语翻译时，需要利用专业知识，然后结合个人的翻译经验进行准确翻译。如果在翻译过程中遇到陌生的商务英语专业词汇、术语或短语，译者必须借助工具或请教他人，不能简单地取其表面意思进行翻译。

无论是在商务活动中，还是在商务英语翻译活动中，商务活动者除了具有相应的语言基础外，还应该具有很强的跨文化意识和跨文化交际能力。商务英语翻译的过程，不仅存在两种商务语言相互转换的过程，还涉及两种商务语言背后的文化之间的交流。只有在重视语言基础的同时，也重视文化的掌握，才能保证商务英语跨文化交际顺利进行。在商务活动中，参与双方可能并不熟悉对方，甚至互不相识。面对这种情况，如果不够了解对方的文化背景及其他信息，极易出现交际失误。因此，对于身处不同文化背景、使用不同语言的交际者，应需采用能够让来自不同地区、不同文化背景的人接受的行事方式。这是对商务英语专业人士双语功底、双语文化，甚至多元文化的综合考查。从事商务活动的人只有在理解相关商务语言的基础上，了解和掌握商务交际双方的风俗习惯、思维方式、表达方式等商务文化，才能在国际商务活动以及跨文化交流活动中完成翻译任务。

（四）商务英语的内在属性

商务英语源自英语，是基于普通英语基础知识，根据国际商务活动内容而发展形成的，在国际商务中进行商务交际所使用的语言，与科技英语、医学英语等其他专门用途英语一样，是英语的社会功能变体。但从本质上看，商务英语只是在商务背景下使用的英语，语言属性具备英语的一般特征。同时，商务英语又是以商务活动为交际目的，与一定的商务背景相联系，并且与职业行为直接挂钩；商务英语有明确的目的，并且应用于特定的行业领域，涉及与国际商务领域相关的专门化内容。然而，商务英语又超越了一般的专门用途英语。学习一般的专门用途英语（如科技英语、法律英语）是个人获取单一类别专业知识的行为，而学习商务英语不单是为了特定的专业知识，更多是为了学习国际化商务交际方法，成为商务世界的成员。

商务英语作为英语语言的一个重要社会功能变体，专门用于英语的一个分支，同样具备了语言的一般属性，如语言的任意性、创造性、系统性、结构二重性、文化传递性和超时空性等共性特征。但由于商务英语具有语言与商务内容的交叉内涵、专门用途英语属性和商务沟通目的等特征，因此，它同时还具有不同于其他类型语言的特殊的内在属性，其内容主要涉及以下方面：

1. 商务英语的目的性

国际商务活动的性质决定了商务英语语言的使用具有明确的目的。作为国际商务活动使用的语言，商务英语强调国际商务环境下对英语的应用，并完成商务目的。这种对商务英语的应用和实践决定了商务英语具有很强的目的性：它是国际商务活动顺利地、有效地完成的基础和保证。商务英语交际的目的明确，要求商务英语表达准确、简洁、清楚、完整、具体、正式、礼貌。同时，其内容还包括商务人士在商务活动中如何用英语语言完成商务活动的内容，即成功地"做事"。因此，反映在语言上，其话语的目的性比普通英语和其他种类的专门用途英语更明确、更强。

2. 商务英语的多样性

商务英语的多样性是由国际商务活动范畴所决定的。现代国际商务活动范围涉及众多领域——贸易、运输、营销、劳务、技术、投资、会计、电商、保险、人力资源等活动，涵盖面非常广泛，各种商务活动涉及不同领域和不同类型的商务话语。商务英语发展至今，已成为一个为贸易、投资而开展的各类经济、公务和社会活动所使用的语言。其体裁广泛而复杂，涉及与国际商务相关的多种内容，呈多样性特征。例如，物流话语、商法话语、广告话语、营销话语等。同时，为满足不同的商务场合，商务英语还具有为各种不同目的而设计的不同风格的商务语篇，如广告语篇、信函语篇等。

3. 商务英语的专业性

商务英语的专业性体现在专门用途英语属性方面。专门用途英语在内容上与某些特定的学科、职业活动有关，以适合这种活动的语言的句法、词汇、话语、篇章结构为中心。作为专门用途英语的一个分支以及国际商务活动中的交流媒介与工具，商务英语以表达和传递商务信息为目标，具有独特的行业特点。[①]而这些带有行业特征的英语语言材料属于非"英语语言共核"部分，涉及与商务活动相关的多个领域的专门化内容和专门化的表达，使商务英语成为一门独立的专门用途英语。

商务英语是在国际商务领域使用的交际性语言，涵盖与国际商务相关的多领域内容，如贸易、管理、金融、营销、物流、电商、商旅、新闻、法律等，其专业性表现在这些专业领域内容上特定的英语表达手段和方式，即商务英语专业词语、商务英语惯用表达、商务语篇风格以及商务专业背景知识。

4. 商务英语的融合性

商务英语是英语与商务的结合。它不能脱离商务环境，通常是与某个特别工作或行业的相关的特定内容，是与一般有效沟通能力相关的一般内容的混合，具有跨学科性。跨学科不是一般意义上的学科分化，或者说是把相关学科做简单地相加，扩充一些内容，而是不同学科的交叉融合，融合性是跨学科的一般属性。同样地，就商务英语而言，英语与商务的结合也不是"语言"学科与"商务"学科的简单加总，不是界限分明、各自独立内容的相加。商务英语本质上是普通英语与国际商务的混合体。英语与商务在交叉的过程中，相互交流、相互吸收、相互复合，在水乳交融之后，形成了互相混合、互相融合的完整的、独立的语言体系。这个体系在实践中不断发展、不断升华。就商务英语与英语语言关系来看，商务英语是国际商务活动中所使用的语言，与文学语言、科技语言等文体具有共同的实质。可见，普通英语是商务英语的根基，商务英语寓于普通英语，两者也不是完全脱离，而是相互融合、互为渗透的关系。融合性是商务英语的根本属性，是商务英语成为独立学科的基础。

---

① 鲍文. 商务英语教育论［M］. 上海：上海交通大学出版社，2017：6.

5. 商务英语的规约性

规约性是商务英语语言的社会属性。国际商务活动中工作程序规范，规律性强。在长期的国际商务交流中，作为商务环境下使用的英语，商务英语以服务商务活动为目标，在内容上针对特定的事物、内容、项目和场景，形成了商务英语独特的语言特征、语篇式样、文体风格、固定的习惯表达等。商务英语更注重实际的交际功能，其语域特征使其文体具有较强的程式化色彩。

商务英语这些套语的语域特征明显，交际功能明确，表达方式相对固定，具有较强的规范性，体现商务英语文体风格，是其语篇组织的主要方式之一。这些具有"固定式"的结构，约定俗成，都有一定的步骤，高度程式化，具有规约性、重复性、习惯性、可模仿性，并且要求某个社团成员共同遵守，帮助他们顺利进行跨语言、跨文化的国际商务交际活动。

6. 商务英语的开放性

从语言发展的历史角度来看，语言都不是自足的、一成不变的。语言体系的开放性特点是语言发展的自然规律。但是，任何一种语言体系，在一定的时间内都具有一定的完整性和自足性。这种自足性和完整性使得语言具有一定的社会功能，以适应使用语言的社会成员的需要。

较之普通英语和其他种类的专门用途英语，商务英语具有更大的开放性。商务英语作为与现代经济社会紧密相关、服务于当代经济、社会、科技发展交流与沟通的工具语言，随着社会、时代、经济、文化、科技等的发展而不断发展。商务英语语言系统不断吸收和容纳当代国际商务各个领域的新思想、新概念、新技术、新方法和新模式，并体现在商务英语语言的词汇、短语等内容上。商务英语语言系统的开放性赋予了它动态的特质，使其成为一门既充满挑战又极具魅力的学科。

（五）商务英语的语言特点

商务英语涉及范围非常广泛，除了基础的英语知识，如语音、词汇、语法等，还涉及商务方面的知识，如商务活动表达知识、商务服务知识、商务合作知识、商务金融知识等。除此之外，从技能层面而言，商务英语不仅涉及普通英语的"听、说、读、写、译"五项基本技能，还涉及具体的实践技能，如跨文化交际、商务合作等，还涉及先进的技能，包括多媒体技术技能、信息技术技能等。商务英语不仅涉及内容广泛，而且应用领域众多，可以根据其应用领域的不同，细分为谈判英语、广告英语等。

商务英语与很多学科，如经贸、管理、文学等都有交叉和融合。同时，商务英语的传播和发展都是从实用性出发，最终目的是实现商务交际目标。所以，商务英语这种跨学科性和实用目的性，使其具有特殊的语言特点，这些语言特点主要集中体现在词汇、句式、修辞、语篇等方面。

1.词汇特点

不论是贸易、营销，还是法律、管理，所有领域都与商务英语有紧密联系。同时，商务英语也有一定的独立性与自身的独特特征。商务英语是普通英语发生社会性功能变体而产生的，不是特殊语言的范畴。在商务英语中，商务英语词汇是其研究的重要内容。所谓商务英语词汇，主要指人们在商务活动中普遍使用的，具有一定商务专业性质的，与商务活动相关的英语词汇。在各种商务交流、商务合作活动中，商务英语词汇发挥出不可替代的作用。

（1）词汇表现形式丰富多样

商务英语词汇最为显著的特点是词汇表现形式丰富多样，可以将其分为三种类型,即"公文体形式、广告体形式、论说体形式"[①],每种形式有不同的内容。

公文体形式在商务活动中,主要集中体现在商务合同、商务信函、商务通知等方面,具体特点主要是词汇在使用时集中在书面词汇上,且用词比较严谨和规范,所使用的词语相对正式、简洁。

广告体形式的商务英语词汇集中出现在广告中,这类商务英语词汇涉及范围极广,更新速度较快,并且经常出现一词多义的现象。这一词汇形式不同于公文体形式规范、严谨和正式,它更多的是为了满足商业广告宣传需要,因此呈现出通俗化和口语化的特点。同时,商业广告为了吸引观众,还会引进新造词和外来词,使商业广告更加生动,更具吸引力。

论说体形式不同于广告体形式具有口语化和通俗化的特点,其使用最多的是书名词汇,正因为如此,论说体使用的词汇比较严谨和正式。同时,论说体这一形式大多集中出现在商务报告或商务演讲中,其商务报告或商务演讲内容大多数是推广商品。

(2)频繁运用专业缩略语

商务英语词汇涉及范围十分广泛,不仅词汇形式多样,还具有丰富多样的专业缩略语。随着经济全球化的发展以及商务活动的日益频繁,从事商务活动的人,为了适应经济发展和快节奏的商务要求,节省时间和精力,会更加倾向于使用商务英语词汇的缩略词。实际上,从商务英语词汇发展历程来看,在商务英语出现时,商业英语缩略语便已经出现。缩略词不仅在英语中大量存在,在商务英语词汇中也比较常见。此外,专业缩略词的缩略方式也是商务英语词汇研究的重点。通常而言,一个多音节的商务英语词汇为了表述的便捷性,研究者会将其去掉一个或一个以上音节,使该词汇的音节缩短。商务英语专业缩略词往往会省略前

---

① 郝晶晶.商务英语教学理论与改革实践研究[M].成都:电子科技大学出版社,2017:10.

面的音节或省略后面的音节,通过这些方式形成的词汇,都属于商务英语词汇的缩略词。这些方式在商务英语词汇缩略中比较常用。例如,词汇"intro"是"introduction"的缩略词,"chute"是"parachute"的缩略词。此外,还有一部分词汇是采用将中间音节进行保留的方法,如"flu"是"influenza"的缩略词。

专业缩略语的推广使用使得商务人员可以将更多的时间投入商务市场中,很大程度上提高了商业活动效率。目前,在商务活动日益发展的带动下,商务英语词汇的缩略词已经广泛应用于商务运用、商务结算、商务交流、商务支付等领域。

(3)组合派生新词汇

随着商务活动的持续增加和国际商业的蓬勃发展,新科技、新思想、新工艺、新技术等不断涌现于商务活动中。这些"新内容"的出现必然会带动商务活动中新的词汇发展,因为词汇是"新内容"的基础,也是语言的最基本单位。

这些商务英语的新词汇大多是复合词,也被称为合成词,即两个或两个以上的词汇按照一定规律、语法、顺序等进行组合,最终形成一个新的词汇,如"cyberspace""online publishing""value added service"等。实际上,一词多义在某种程度上也被认为是增加了新的词汇。例如,"discount"在进出口贸易活动中被翻译为"折扣",在金融领域则用于表示"贴现"或"贴现率"。

2.句式特点

商务英语属于一种实用文体,最突出的句式特点是严密性、准确性和简洁性。它格外注重商务内容的时效性、商务表达的准确性以及商务活动的逻辑性。相比其他文体,商务英语的结构往往更复杂和规范,以及其文体也更正式。因此,商务英语广泛应用于商务投标、商务招标、商务合同等领域。另外,商务英语在句式上力求规范、准确、客观和正式,这使其句式往往固定且语言简明。但在一些场合,商务英语也会以长句的形式出现。但是，需要指出的是，一些普通英语中常见的句式，如虚拟句式、倒装句式等，很少出现在商务英语中。具体特点分析如下：

（1）句式简洁且表述准确

商务英语的句式还体现出简洁性的特点，常见于商务英语的排比句、简单句以及比较简短的复合句中。除了这些句式以外，在商务英语缩略词语的运用上，也能够体现其句式简洁的特点。需要说明的是，商务英语的缩略词的使用，并不是随意的，而是约定俗成的。简洁的句子有助于商务信息的广泛传播，有利于从事商务活动的人理解商务信息，有利于商务活动的顺利开展。

（2）被动句式较为常见

被动句式在汉语表达中并不常见，而在商务英语中，为了保证叙述过程的准确性和严密性，通常会使用第三人称进行叙述。使用被动句式的时候，一般意味着语句强调的重点在于"做的内容"和"做的方式"，而不再强调"实施这一动作的人"。因此，在要求比较严肃的商务英语文体中，被动句式更加常见，且发挥着不可替代的作用。被动句式可以提高商务信息的客观性和准确性，增强商务信息的可信度等，也有利于避免第一人称和第二人称带来的主观臆断现象。

（3）特定场合频繁使用长句、复合句、并列复合句

大多数情况下，商务英语的句式简洁而且表达准确，有利于从事商务活动的人理解和运用商务英语。但是，鉴于某些商务文本（如经贸合同）的专业性、严谨性、准确性等特点，需要经常使用长句、复合句以及并列复合句。还需要指出的是，合同英语的句式结构比较复杂，且需要借助短语、从句对句子进行详细说明与限定。这样一来，合同英语的句子就容易显得冗长，有些句子甚至能够达到段的长度。

3.修辞特点

（1）委婉修辞

从事商务活动的人来自不同的国家或地区，这些人主要运用商务英

语这一语言进行交际，在交际过程中，难免会出现表达、认知和情感不同的现象。为了使其能够顺利交际，还能够从理智和情感上接受对方的想法或观点，可以在表达中运用委婉、模糊的话语。

委婉语或模糊语的内涵较小，但外延却很广，能够使交际双方的观点被对方接受，具有很大的包容性特点。同时，委婉语和模糊语还具有一定弹性，给从事商务活动的人留下一定空间，这样从事商务活动的人可以在此空间中进行思考和想象。但是，从事商务活动的人在使用委婉语或模糊语进行交际时，必须遵循礼貌原则。只有这样，人们才能在商务活动中进行顺利沟通和交流，为商务合作奠定基础。

（2）夸张修辞

在商务英语中适度运用夸张手法，能够提高商务英语的感染力，以推进商务活动的顺利进行。需要强调的是，夸张并不是随意地夸大，也不是毫无根据地进行运用，而是从事物的本质入手，从内在层次对其使用夸张的修辞手法。换言之，夸张是以事物的本质为基础，运用想象的方式，对事物的特征、内在进行扩大，从而达到增强事物表达效果的目的。商务英语广告中经常使用夸张手法，主要是起到点石成金的目的。同时，夸张手法因其语言简练、表达准确等特点，在很大程度上有利于商务活动广告的传播。

（3）排比修辞

排比是一种常见的修辞手法，在汉语、英语表达中都非常常见。排比是把结构、意义、语气等相同或相近的词语、句子并列使用的一种修辞手法。排比结构是对称的，虽然在表达中并没有明确对不同事物之间的相同点、不同点或内在关系进行说明，但交际双方能够从中了解到不同事物之间的内在关系、异同点等。在商务英语语篇中使用排比结构，可以使表达更具节奏感，有助于将重要内容表达得更为清晰。

4. 语篇特点

商务英语在语篇结构方面注重逻辑性，强调语篇内容的连贯性，在表达中首先进行综合思维，然后进行分析思维。可见，商务英语在语篇表达上具有一定的独特性和共性。同时，语篇特点在很大程度上能够集中体现其词汇特点与句式特点。综合来看，商务英语的语篇结构合理、语言简练、内容具体、论述客观。

（1）标题简洁醒目

一般商务英语语篇的标题能够准确地表现语篇论述的主要内容。同时，商务英语语篇的标题还要生动形象，这样能够吸引更多读者，发挥更大的影响力。另外，商务英语的标题通常采用简单句式，而这些简单句式又常以陈述式、疑问式等为主。商务英语标题还具有简洁性、突出主题性的特点。因此，商务英语标题会加上标点符号，以便进一步突出商务英语的标题特点，例如，破折号、冒号在商务英语语篇标题中比较常见，而句号比较少见。

（2）行文结构存在固有模式

在构建商务英语语篇时，通常遵循特定的结构模式，这一特点在商务英语信函中尤为显著。当前，商务英语普遍采用的语篇结构模式主要有两种：解析型与比较-对比型。

解析型语篇结构模式侧重于将整体内容划分为若干小问题，进而对每个小问题进行详尽的分析和探讨。这种结构模式在购销合同与个人简历的编写中得到了广泛的应用，因为它能够有效地将复杂问题简单化，便于双方的理解与沟通。

当需要在商务英语中论述商品、服务等方面的相似性与差异性时，可以采用比较-对比型语篇结构模式。该模式旨在通过对两个方面的相似性以及对它们之间的不同点进行对比，从而全面、准确地呈现相关内容。这种结构模式在商务英语信函和调查报告的撰写中较为常见，能够有效地帮助读者或听众理解相关信息的内在联系与差异。

二、商务英语对教师的要求

（一）商务英语教学理论依据——人本主义教学理论

人本主义心理学是 20 世纪五六十年代在美国兴起的一种心理学思潮，其主要代表人物是亚伯拉罕·马斯洛（Abraham H. Maslow）和罗杰斯（C.R.Rogers）。人本主义教学观是在人本主义学习观的基础上形成并发展起来的。该理论是根植于其自然人性论的基础之上的。

人本主义教学理论深深植根于马斯洛的"自我实现"理论之中，明确将教育的核心宗旨定位为：教育应切实关注人的长远成长，致力于推动个体的"自我实现"，并培育出"完整人格"，而非仅仅追求学生学业成绩的短期提升。因此，人本主义理论始终坚持以人的全面发展为核心，尤其重视"内心生活"的丰富与深化，即情感、精神及价值观念的培养与发展。

人本主义教学理论旨在促进"整体的人"的学习与成长，其教育目标在于构建"完整人格"，培养具有独特性与完整性的个体，以充分发挥其潜能。它强调的教育目的不仅在于知识的传递，更在于完美人格的塑造，通过挖掘和发展学生的内在潜能，提升其自我学习的能力。

为此，培养专业人才的高校，其育人目标应着重于培育具备自主行动能力并勇于承担责任的人才，使他们具有理性规划与决策的能力，掌握解决问题的知识基础，能够灵活且理智地面对新兴问题，创造性地运用过往经验以妥善处理各类挑战，并在多元化活动中展现其卓越的团队合作能力。

教师的核心职责在于营造适宜的教育环境，通过有效的教学策略激发学生的内在动力，协助他们重新发现、评估及深化对自我的认知，挖掘内在的成长潜力，从而消解"自我概念"中的不协调因素及相关的心理障碍。人本主义教育理念倡导无条件地给予学生积极关注，自始至终营造无压力、低焦虑、安全的教育氛围，并强调教育过程中的"非指导性"原则。这一理念旨在助力学生勇敢地直面"自我概念"的不和谐之处，自由表达未经扭曲或否定的真实生活体验，进而主动承担起个人成长的责任。

（二）商务英语教师的专业素质要求

国内学者经过多年的热议，对商务英语本科人才培养目标基本达成了共识，《普通高等学校商务英语专业本科教学质量国家标准》（以下简称《国标》）对商务英语专业培养目标的定义是：商务英语专业培养英语基本功扎实，具有国际视野和人文素养，掌握语言学、经济学、管理学、法学（国际商法）等相关基础理论与知识，熟悉国际商务的通行规则和惯例，具备英语应用能力、商务实践能力、跨文化交流能力、思辨与创新能力、自主学习能力，能从事国际商务工作的复合型、应用型人才。在追求特定人才培养目标的背景下，郭桂杭在其他学者所提出的专业英语教师知识体系的基础上，进一步发展并构建了一个针对商务英语教师的专业素质结构框架。[①] 该框架如图1-1所示。

---

① 郭桂杭，李丹. 商务英语教师专业素质与教师发展——基于ESP需求理论分析[J]. 解放军外国语学院学报，2015（5）：26-32.

```
                    ┌─────────────────────┐
                    │ 商务英语教师的专业素质 │
                    └─────────────────────┘
         ┌──────────────┬──────────────┬──────────────┐
    ┌────────┐    ┌────────┐    ┌────────┐    ┌────────┐
    │ 专业观念 │    │ 专业知识 │    │ 商科知识 │    │ 专业能力 │
    └────────┘    └────────┘    └────────┘    └────────┘
```

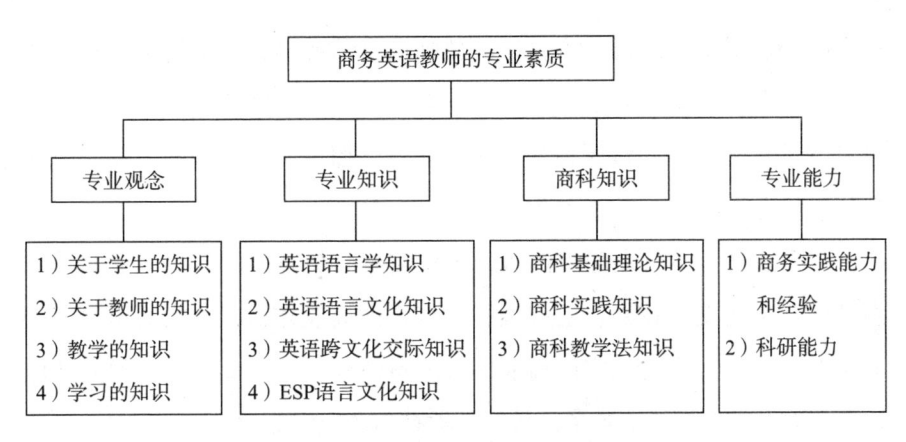

专业观念	专业知识	商科知识	专业能力
1）关于学生的知识	1）英语语言学知识	1）商科基础理论知识	1）商务实践能力和经验
2）关于教师的知识	2）英语语言文化知识	2）商科实践知识	2）科研能力
3）教学的知识	3）英语跨文化交际知识	3）商科教学法知识	
4）学习的知识	4）ESP语言文化知识		

图1-1　商务英语教师专业素质结构框架

通过观察图1-1，可以发现商务英语教师的专业素质结构非常全面，不仅涵盖了英语语言和文化知识，还包含了商业学科知识以及教育学和专业能力。这表明，与教授普通英语的教师相比，商务英语教师应具备更为复合型的知识结构。在某些情况下，商务英语教师需要进行双语教学，即用英语来讲授商科课程。为了胜任这一任务，教师通常需要具备用汉语和英语两种语言流畅地进行商科教学的专业技能，力求在英语和某一商科领域都达到高水平，以更有效地满足双语教学的需求。笔者根据对相关文献的梳理，总结出国内学界对双语教学的师资要求，如表1-1所示。

表1-1　双语教学对教师资质的要求

项目编号	所需资质	合适程度
1	英语语言文学本科学位＋商科硕士或博士学位＋海外留学或商务工作经历	最佳
2	英语语言文学本科学位＋商科硕士或博士学位或商科本科学位＋英语语言文学硕士或博士学位	优
3	英语语言文学本科、硕士或博士学位＋国内商务工作经历	好
4	英语语言文学本科、硕士或博士学位＋自学商科课程	较好
5	商科硕士或博士学位或商务专业人士＋英语好或拥有长期的海外留学或工作经历	一般

如上表所示，进行双语教学的教师通常需要具备"英语+商科"的双重学术背景。如果教师的原始教育背景仅是语言学习，那么他们需要通过自学达到精通商科课程的水平。此外，拥有商务领域的工作经验或海外学习经历将是一个加分项。

综上所述，虽然商务英语教师不仅需要具备扎实的英语专业知识和卓越的跨文化交流技能，还应该拥有广泛的商业知识，并精通至少一门商科专业课程，具备一定的商业实践和科研能力。除此之外，他们还应该掌握教育学的理论，具备高效的教学技巧和组织能力。

第二节 商务英语教学原则与思想

一、商务英语教学内容选择原则

（一）教学内容有重点

对商务英语的教学内容必须精心策划，以确保教学的效率和质量。在开展教学活动之前，教师需仔细考量并明确教学的主题和单元划分，这是构建高效课堂的基石。随后，教师应当对每一个单元的各个组成部分进行细致的挑选和安排，这些内容既要指导教师的课堂教学，也要支持学生的课外自学。由于教材单元涵盖了听、说、读、写等四大教学任务，并且包括了后续的练习和词汇注释等拓展内容，因此在选择课堂教学内容时必须突出重点。

教学内容的选择应紧密围绕课程的核心目标，即重点培养学生在商务环境中进行有效口头和书面沟通的能力。这意味着，在众多教学任务中，口语任务、阅读任务、写作任务以及后续练习中口语练习部分（如角色扮演、演讲陈述等）应当被置于核心位置，成为课堂教学的重点。通过对这些关键教学内容的深入讲解和实践，学生能够掌握商务沟通的核心技巧。

此外，为了使学生对商务英语有更全面的理解和应用，教师还应当在课堂教学的起始和结束阶段分别引入单元概述和单元小结。这样不仅能够帮助学生构建知识框架，也能够促进他们对学习内容的理解和记忆。同时，教师还应该在课堂上穿插商务知识技能的讲解，这有助于学生将所学语言知识与商务实际情境相结合，从而提高他们的商务英语应用能力。通过这样全面而有序的教学设计，学生不仅能够掌握商务英语的基本技能，还能够提升他们的自主学习能力和解决问题的能力，为将来的商务活动打下坚实的基础。

（二）内容形式有特色

商务英语拓展课程，作为大学英语教育的深化与延续，应凸显其独特的教育价值与专业特性。具体而言，其特色应体现在两大核心层面：一是新增国际贸易领域的专业知识与技能，为学生提供更为宽广的学术视野和实践能力；二是在课程的语言知识与语言技能部分，教学内容和形式需与基础阶段的大学英语读写译、视听说课程保持显著区别，以凸显商务英语的专业性和实用性。针对每一教学单元，教师应具备深厚的专业素养和清晰的教学规划，能够精准提炼出单元内的核心商务知识技能、商务英语表达，并设计模拟应用训练，以切实提升学生的商务英语应用能力。

商务英语拓展课程，作为一种在大学英语教育基础上进行的深化和延续，其独特的教学价值和专业特性应当得到充分体现和强调。具体来说，商务英语拓展课程应当具备两个核心特色：第一，它应当新增关于国际贸易领域的专业知识和技能，通过这种方式，为学生提供更广阔的学术视野，同时提升他们的实践能力；第二，商务英语拓展课程在语言知识和语言技能方面的教学内容与形式，应当与大学英语基础阶段的读写译、视听说课程有明显的区别，以更好地突出商务英语的专业性和实用性。

针对每一个教学单元，教师需要具备深厚的专业素养和清晰的教学规划能力。这就要求教师能够精准地提炼出单元内的核心商务知识技能和商务英语表达，同时设计出模拟应用训练。通过这样的方式，教师才能够有效地提升学生的商务英语应用能力，使他们在未来的职业生涯中更加出色。

二、商务英语教学思想——研究型教学思想

（一）注重问题意识及其思想的系统培养

研究型教学思想作为一种以问题为中心的教学思想所形成的教学模式，其打破了以往僵化的教学理念及其教学模式。在此模式下，教师的教学活动不再局限于知识的单向传授，而是更加注重培养学生的独立思考和问题解决能力。教师会审慎选择具有研究意义的教学主题，并精心设计教学问题环节，旨在激发学生的探索欲望和求知欲。教师通过引导学生提出问题、深入分析和自主探索，逐步帮助学生构建起独立的思维框架，提升他们解决实际问题的能力。问题就像一条连续不断的线索始终贯穿于整个教学活动过程。

（二）注重培养学生的参与意识

研究型教学思想积极倡导培养学生的参与意识，该教学模式显著区别于传统模式，其核心特点在于倡导全体参与，同时强调教学不仅是教师的职责，更是学生自我发展的关键环节。课堂结构从传统的"单向主导"转变为"平等互动"，鼓励学生积极表达自身观点，并及

时反馈思想,以充分展示和阐述个人论证,从而实现教学效果的全面提升。

(三)注重培养学生的兴趣意识

学生对自己感兴趣的专业或事物往往会更热心接触、观察和积极从事有关研究性学习活动,并愿意探索与学科专业相关的科学奥秘。学生的专业兴趣与认识和情感相联系:一般而言,对专业的认识越深刻,热爱的情感越炽烈,专业学习的兴趣也就越浓厚。因此,在教学实践过程中,教师应充分重视并有效联结学生的兴趣与专业内容,以激发学生的研究热忱,形成良性的双向促进循环,这不仅能够显著提升学生的专业水平,还能够有效培养学生树立终身学习的理念。

三、商务英语专业的学科建设策略

(一)商务英语专业学科建设的本体性

1. 商务英语人才培养的学科范式

作为一门集多种学科知识于一体的交叉学科,商务英语的出现和发展是与人类社会生活的日益复杂化、全球交往的不断深化以及不同学科之间的相互渗透和跨界互动紧密相连的。该学科的特点体现在它巧妙地将英语语言学、国际贸易、市场营销、企业管理等多个领域的知识融合在一起,形成了一个综合性的学科领域。在这个领域中,不同的学科交叉往往以其中某个构成学科作为母体学科,或者说主导学科,从而使得商务英语在理论和实践上都有着鲜明的特色。

由于各个学科在理念上的差异和资源条件的不同,以及社会对商务英语的不同需求,使得商务英语的交叉学科特性表现得更加明显。它不仅包含了英语语言的基本知识,还融入了国际商务的实践技能,更结合了现代企业管理的思想和方法。这就使得商务英语在教学和研究上呈现出多种范式特征，既具有实用性，又具有理论性；既注重知识的传授，又强调技能的培养。因此，商务英语作为一门交叉学科，它的复杂性和多样性是其最大的特点，也是其最大的魅力所在。

2. 商务英语学科本体性的建立

对于任何学科专业的独立发展来说，其核心知识、核心课程，以及核心概念都是不可或缺的元素。这些构成元素不仅是确保该学科持续进步的关键，也是该学科人才培养能够被社会广泛认同和接纳的基础。商务英语学科发展亦是如此，需要构建独立的商务英语理论体系，以确保其在学术领域和社会实践中的稳健发展。

（1）明确核心知识

核心知识的明确包括对商务英语的基本理论，商务英语的语法、词汇、发音等方面的深入研究，以及对商务英语在实际商务场景中的应用进行深入探讨。此外，还需要关注商务英语学科的前沿动态，不断更新和完善商务英语的知识体系。

（2）设立支撑核心课程

核心课程应涵盖商务英语的语言技能训练、商务知识的学习、跨文化交际能力的培养等方面。通过这些核心课程的学习，学生可以全面掌握商务英语的知识和技能，为将来的商务工作打下坚实的基础。

（3）引导核心概念

核心概念是商务英语学科的理论基石，包括商务英语的翻译理论、商务英语的写作理论、商务英语的口语交际理论等。通过对这些核心概念的深入研究和理解，学生可以更好地运用商务英语进行商务活动。

（二）商务英语专业学科文化的建设策略

1. 商务英语专业学科文化建设的重要性

（1）学科文化是学科成熟的重要象征

商务英语学科之所以能成为一门独立的学科，其关键是因为它拥有明确的研究对象、系统化的研究方法和手段、独特的思维方式，以及相对成熟的概念体系。这一学科的形成和发展，得益于英语语言学在持续演进过程中与经济学、管理学、心理学等学科的深度融合与交叉。最初，商务英语以英语语言文学的一个亚文化形态出现，然而，随着不同学科间的持续渗透、交叉、移植、借鉴、碰撞与吸收，商务英语学科正逐步构建其独有的学科文化，从而为学科的成熟化奠定了坚实的基石。

（2）学科文化是学科核心竞争力的基础

学科是大学的内核，学科文化是学科的成长环境，也是大学履行其使命、发挥其社会职能的隐性背景，因此学科文化建设是大学提升核心竞争力的重要途径。学科文化的功能有分界功能、化人功能、生产功能和凝聚功能。商务英语学科在形成与发展过程中形成了独特的不可模仿性，其特有的语言风格、跨文化的属性，以及商务用语的特殊规则，都体现了与其他学科的巨大差异。这些与众不同之处正是该学科核心竞争力的体现。基于这些与众不同的特点，商务英语学科形成了自己的学科文化，也逐渐在教学与研究中找到了自己的归属感。

2. 商务英语专业学科文化建设的视角

商务英语学科的文化建设，实际上是学科精神文化、制度和行为化的外在体现。商务英语学科已经形成了一些以大学为核心的高水平的教学与科研基地，如以对外经济贸易大学、广东外语外贸大学和上海对外经贸大学为龙头的商务英语教学与研究队伍中出现了许多商务英语学科的领军人物。中国国际贸易学会国际商务英语研究会成为本学科理论与实践研究的阵地与指导机构。每两年一届的全国商务英语研讨会成为学科学术交流的最顺畅的渠道。全国范围内各院校对商务英语学科建设的资金投入也在不断增加。如今，本学科应将更多的精力与资金投入教学设施的完善、实践基地的创立以及学术刊物数量的增加上面。

商务英语学科的文化建设发挥该学科文化的育人效应。在未来的商务英语学科建设工作中，该学科中人应该继续努力，保证学科文化全面发展，让这个新兴的学科越发显示出它蓬勃的生命力。

3.商务英语学科文化行为层

学科文化行为层又称为学科行为文化。如果说学科物质文化是学科文化的最外层，那么学科行为文化可称为学科文化的幔层，即浅层的行为文化。

第三节　商务英语教学中的中华优秀文化

一、中华优秀传统文化的认知

文化是人类在社会历史发展过程中所创造的物质财富和精神财富的总和。中国文化，也称中华文化，是在中华民族数千年发展过程中形成的，是前后相继、不断发展和创造的物质文化、制度文化、思想文化等体现民族智慧的文化。根据李宗桂撰写的《中国文化概论》，中国文化就是中国传统文化。中华优秀传统文化，是中国传统文化中的优秀部分，是中国文化的重要内容。中华优秀传统文化，是指在中华民族长期发展过程中形成、有着积极的历史作用、至今仍具有重要价值、体现民族精神和气魄、延续中华民族的精神血脉、拥有民族价值内涵的文化；是以中华民族精神为核心、以爱国主义为导向，蕴含天人合一、贵和尚中、守成创新、以人为本、和谐统一、自强不息等一整套价值理念的整合；是涵养社会主义核心价值观的源泉；是能够推动社会进步的一切有重大价值的优秀精神成果的总和。

二、商务英语教学中中华优秀文化的融入

（一）商务英语教学中中华优秀文化融入的重要意义

中华优秀传统文化，是中华民族在数千年的社会实践中所创造的精神财富和物质财富的总和，是中华文明的智慧结晶，铸就了中华民族的精神、价值观和民族性格。商务英语专业的学生要成长为具有国际视野和中国情怀的商务人才，除了应具备良好的英语言语能力、熟悉外国文化，还要了解中华优秀传统文化，这样才能具备良好的跨文化沟通的能力，因为沟通本身是双向的，交流的进行意味着吸纳和传播双方文化，因此，将中华优秀传统文化融入商务英语教学具有重要意义。

1. 有助于落实立德树人的根本任务

教育的根本任务是立德树人，在商务英语教学中融入中华优秀传统文化教育，是落实这一根本任务的重要保障和途径。中华传统文化中的"谦恭礼让、诚信守约"等社会公德、"忠于职守、精诚敬业"等职业道德和"严己宽人、崇真向善"等个人品德是立德树人的"德"之源泉；而立德树人中的"人"是具有思想境界高尚、行为方式端正、有特定价值追求的群体。中华优秀传统文化中蕴含的理想信念、价值取向、人文精神和育人方法，为立德树人提供了智慧宝库和丰富的精神营养。

商务英语专业的学生毕业后，大多从事于国际贸易、国际市场营销、商务翻译等工作，这些工作均对跨文化沟通有较高要求。因此，

毕业生不仅要熟悉西方经济、社会、文化、科技、地理、历史等方面的知识，还应深入了解中华文明中的道德传承、文化思想体系、精神观念形态等。基于此，商务英语专业的人才培养，要坚持育才育人育德，既要注重商务知识传授和语言能力培养，又要从中华优秀传统文化中汲取智慧，对学生的信仰、价值操守与精神原则进行价值引领。这样他们才能更好地担负起加强中外交流、讲好中国故事、传承和发扬中华优秀传统文化、推动构建人类命运共同体的使命。

2. 能够丰富课程思政的内涵

当前正处于全面推进课程思政建设时期，课程思政是高校落实立德树人根本任务的重要实践，而中华优秀传统文化是课程思政的重要内容之一。中华优秀传统文化蕴含丰富的思政教育的元素，是课程思政的资源库和根基。教师应结合专业课程，挖掘教材和教学内容中蕴含的民族精神、道德情操和人文涵养，弘扬中华优秀传统文化，发挥中华优秀传统文化怡情养志、涵养文明的重要作用，在校园里凝聚健康向上、崇德向善的精神力量，对学生进行正确的价值观塑造，在育人的同时，实现学生对中华优秀传统文化的传承和弘扬。

3. 有利于坚定文化自信

文化是一个国家、一个民族的灵魂。文化兴则国运兴，文化强则民族强。没有高度的文化自信，没有文化的繁荣兴盛，就没有中华民族的伟大复兴。文化自信，是一个民族对自身文化价值和生命力的坚定信念。坚定文化自信是前提和基础。习近平总书记强调，要进一步坚定道路自信、理论自信、制度自信、文化自信。中华优秀传统文化是民族之灵魂，是民族凝聚力和创造力的重要源泉。

4. 助力中华民族伟大复兴和文化传承、发展与传播

纵观中华民族5000年的文明传承的历程，中华优秀传统文化一直是民族复兴的重要支撑。中华文化的核心价值观，如讲仁爱、守诚信、崇正义、尚和合、厚德载物、自强不息等，滋养了民族的生存和发展，使

得中华民族在面临危机时能化险为夷，在面对外来文化时能兼收并蓄、博采众长、不断发展。中华民族的伟大复兴，需要繁荣的文化提供动力和智慧。当今世界正经历百年未有之大变局，中华优秀传统文化不仅能为中国特色社会主义发展提供不竭的精神动力，更能为构建人类命运共同体、解决人类问题、促进多元文明和谐共处贡献中国智慧。商务英语专业的学生，是中国特色社会主义的建设者和接班人，也是具有全球视野的"全球人"。他们有责任在深刻领悟异国文化和母语文化的同时，用英语讲好中国故事，针对中国国情、社会文化、中国创造、中国精神和中国价值观等核心要素，做出新的概括和表述，为全球提供一个观察和理解世界的东方视角，向世界传播中华优秀传统文化，实现中国话语的影响力和感召力。为实现这一目标，商务英语课程的学习应融入中华优秀传统文化，让人文素养、理想信念、道德修养成为支撑学生终身发展的精神支柱，从而推动人类社会的健康发展，构建真正的"人类命运共同体"。

（二）商务英语教学中中华优秀传统文化融入的内容

中华优秀传统文化包括核心思想理念、中华传统美德、中华人文精神三个方面的内容。根据中华人民共和国教育部颁发的《完善中华优秀传统文化教育指导纲要》，开展中华优秀传统文化教育，可从"开展以天下兴亡、匹夫有责为重点的家国情怀教育""开展以仁爱共济、立己达人为重点的社会关爱教育""开展以正心笃志、崇德弘毅为重点的人格修养教育"等三个维度来实践。在商务英语课程中融入中华优秀传统文化教育，要以上述文件精神为指导，充分挖掘中华优秀传统文化中的宝贵资源，并将其有机融入商务英语教学中，将"修身养性""为人之道"的智慧融入商务英语教学，可以对学生进行以下几方面的教育。

1. 培养学生的人格

在商务英语教学中,我们应巧妙融入中国文化的精髓,如明道、正义、节制物欲、修养人格等观念。还需把对学生人格的培养、确立和提升放在重要位置,把社会主义核心价值观、道德规范的教育和养成看作一切教育之根基;强调友爱、宽厚、诚信、毅力、自律和独立等,提高大学生的人格修养,使之不断地发展和超越自我;引导学生正确认识道德伦理与物欲的关系问题是培养、确立和提升人格的关键;在日常生活和学习中,修身养性,自觉践行社会主义核心价值观,并转化为内在的品格,坚持在德育实践中培养人格。成长于优越环境的大学生,尤其需要修养人格。

2. 引导学生不断完善人格

在日常生活中,反躬自省,不断提高自我修养,自觉自律,找到为人处世的恰当方法,理解人生的价值和意义,树立远大的理想,构建良好的精神家园。持平常心,尽职尽责地做事情。在学校求学时就一心一意搞好学业;踏入社会参加工作就兢兢业业、爱岗敬业;成家以后在家庭中扮演好自己的角色。在人生的各个阶段,都能尽到自己的责任和义务,把分内的事情做好。在科技迅猛发展的今天,人类改造和支配自然资源的能力比以往任何时候都强大,更需要尊重自然、节制欲望、时常反省、尊重他人、自觉自我约束,做到"己所不欲,勿施于人"。

3. 引导学生进行汉英语言对比研究

教师应在商务英语教学中帮助学生认识英语和汉语在表层、中层、深层上的差异,尽可能用汉语的使用情况来跟英语作比较,通过比较更深刻地理解两种语言的差异,积极利用母语的正迁移,预防和排除负迁移,"知己知彼,百战不殆",达到正确运用英语的目的。表层的对比,即汉英在结构、形式和语义上的对比。例如,语音(语音语调、词与句子的重音、朗读的节奏等)、文字(象形表意文字、表音文字、形声文字等)、词语(构词法、词的形态特征、词的界定、习语、虚词等)、语义(语义关系、词语搭配、感情色彩、国情特色、语用背景等)、句法(句子成分与结构、句型、语序等)、篇章(语篇的衔接与连贯、语句的逻辑扩展模式、篇章结构等)等等。中层的对比,指表达方式和方法的对比,例如,语法、修辞、逻辑、语体、语用等方面的表达方式方法对比(形合与意合、繁复与简短、物称与人称、被动与主动、静态与动态、抽象与具体、间接与直接、替换与重复等)。深层的对比,指中西文化和思维方式的差异在英汉语言上的表现。例如,理性思维与悟性思维等。还可以引导学生进行专题对比分析,例如,英汉化妆品广告语篇劝说策略对比研究、英汉商务语篇对比研究、英汉商务信函中模糊限制语使用的对比研究、商务英语常用介词英汉对比研究、英汉商务表达中的概念隐喻对比分析等。英汉对比研究,有利于进行商务英语翻译,帮助学生更好地掌握商务英语翻译的技巧。例如,词义的选择、词类的转换、增词减词、省略、重复、替代、词义引申、正说反译与反说正译、分句与合句等,通过语言差异和文化差异的对比,更好地进行商务英语翻译。英汉对比研究不仅有助于教学和翻译,也有助于语言交际,通过对比分析,学生能够进一步认识外语和母语的特点,在进行交际时,能够有意识地注意不同语言各自的表达法,更好地顺应差异,防止错误的表达,避免语用不当,从而更好地实现商务沟通和交际目的。

4. 规范学生礼仪

第一,引导学生认识传统礼仪的当代价值,提高道德品质,树立完美的个人形象,建立和谐的人际关系和合作关系。礼仪展现着一个国家和一个民族的精神风貌、道德水准、文明程度、文化特色和公民素质。礼仪也展现着一个人思想觉悟、道德修养、精神面貌和文化教养。礼仪是一种既具有内在道德要求,又具有外在表现形式的行为规范。把礼仪教育纳入商务英语德育教育和课程思政,既是时代的要求,也有利于大学生的自身发展。引导学生加强礼仪修养,培养优雅的气度,在人际交往中遵循礼仪规范，展现出良好的精神风貌和谦恭的态度。将内在的道德品质和外在的礼仪习惯结合在一起，成为内在修养好、道德素质高、外在形象优雅的现代文明人。此外，还可以通过礼仪教育，提升大学生的自信和自尊，帮助他们与老师同学建立和谐的人际关系，因为良好的礼仪可以促进交流沟通，是人际关系的润滑剂。

第二，学习中西方在商务礼仪方面存在的文化差异主要包括以下几个方面。首先，处事风格和价值观的差异。一般而言，中国人处事较为含蓄委婉，西方人处事更为直截了当。其次，行为语言差异。行为语言差异包括：手势语言、肢体语言、目光语言、体间距离等。再次，时间观念的差异。不同文化的国家对待时间的态度有差异，有的文化里是单向计时制，有的文化是多向计时制。一般而言，西方人比较守时，特别是英国人，他们会严格遵守约定的时间。如英国人赴约时会按照约定的时间分秒不差地准时到达；美国人往往会比约定的时间提早几分钟到达，迟到是失礼的，是不可接受的。中国人认为提前到达或者迟到几分钟，都是守时的，是可以接受的。但是，来自阿拉伯国家与非洲国家的人们，他们不太讲究时间的概念，迟到或者拖延都是可以接受的，是符合礼仪习惯的。最后，商务礼仪与传统礼仪的差异。传统礼仪文化是我国的传统文化的重要组成部分，对我国的礼仪文化的形成与发展发挥着重要的推动作用。商务礼仪涉及初次见面礼仪，包括问候、称谓、介绍、握手、交换名片、交谈、就餐、通信往来、送礼、庆祝和慰问等礼仪。以送礼礼仪为例，礼物的种类、送礼的时机、送礼禁忌、送出和接受礼物的技巧等都是送礼需要考虑的因素。

5.学习中西方饮食文化差异

第一，进行中西饮食文化差异对比。首先，中西饮食结构不同。中华民族的饮食构成以谷类为主食，果类、肉类和蔬菜类为副食。美国等西方国家，饮食主要是依靠肉类和蛋白质，谷类的摄取量不多。其次，中西烹饪手法不同。中国菜肴的烹饪方式有煎、炸、炒、爆、蒸、烧等多种，讲求美味、随意与和合，"五味调和"，菜肴的原材料"你中有我，我中有你"，食物精雕细琢，注重艺术效果和美感。再次，中国传统的节日饮食，多与时节和农耕丰收相关，以饮食为主，表达祝福吉祥，祈求幸福。最后，中西的用餐形式、餐具礼仪和就餐礼仪不同。中国的用餐形式是典型的"聚餐式"，人们围坐圆桌，用筷子夹菜。而西方国家的用餐形式是"分餐制"，吃饭时，人们各取所需，注重个人空间，餐具以刀叉为主。饮食观念上，在中国文化里，请客吃饭可以用来沟通感情、商谈公事，饮食承载着重要的社会功能和文化内涵。而在西方文化里，食物被认为是抵御疾病、维持生命、健康营养的必要手段，也有一些与食物相关词汇的文化隐喻，但整体不如中国文化丰富。

第二，分析饮食文化差异的原因，并尊重文化差异。由于受国度、理念、人文、风俗、习惯等因素的影响，对于饮食，无论是从原料、口味上，还是从烹饪方法、饮食习俗上，特别是在饮食崇拜上都会出现一些不同程度的文化差异。饮食，往往是商务活动的一部分，无论是对内宾还是对外宾，我们要在充分了解异国饮食文化的基础上，提前做好相应的安排。要理解并尊重他国的饮食文化，以保证商务活动的顺利进行。教师要培养学生换位思考和移情的能力，以便在跨文化交际中能及时进行角色转换。一方面要珍视自己的文化传统；另一方面也能将自己置于他国文化中，在相互理解和尊重的基础上，以开放的心态理解和欣赏异国的饮食文化。在商务活动中，共享各国特色饮食的同时，促进饮食文化交融互补。

第三，用英语传递中国传统饮食健康文化。饮食是全人类的生命保障，有强大的驱动力和凝聚力，可以作为跨文化传播的先导。商务英语专业的学生，要熟练掌握食物相关的习语及菜名的翻译方法，能够用英语讲述"舌尖上的中国"故事。例如，中国各地特色美食的来源、八大菜系的简介、菜名、菜品的创始人、食材的特点、烹饪方式、美食相关的传说典故等。此外，还要能传达美食背后的文化元素，以菜名为例，中国菜名是汉语语汇中承载中国文化最多的语汇之一，不仅承载着几千年来的中国饮食文化，还承载着非饮食文化，如神话、民俗、历史、文学等，菜名所传达的表层语义背后的文化元素深厚而丰富。借助现代英语词汇讲述中国饮食文化故事，将中国饮食文化汇入世界民族文化中，既可以让世界了解中国饮食文化，助力中国饮食的国际化发展，又可以提升中国在世界的综合影响力。

第二章

商务英语教学的内容体系

第一节　商务英语听力教学

一、商务英语听力教学的特点分析

（一）商务英语听力的主要特点

提升学生的听力水平是英语教学的主要组成部分，如何提高学生的听力能力一直是教师的难题。[①] 商务英语听力的特点主要体现在以下三个方面：

1. 注重实际应用的场景模拟

与我们在日常生活中的英语沟通情境有所不同的是，商务英语的听力练习往往更加聚焦于商务会议、商业谈判、各类报告陈述等具体的商务活动场合。这就意味着，学习者在提升商务英语听力技能的过程中，不仅需要具备听懂对话内容的基本能力，更要有解读商务专业术语、熟悉行业内的惯用语以及各种特定表达方式的能力。所以，当教师在开展商务英语听力的教学活动时，应当尽可能多地引入真实商务场景的素材，利用模拟真实情境的教学方法来提升学生的商务英语听力理解水平。教师可以利用各种教学资源，例如，播放真实的商务会议录音，让学生尝试理解并翻译其中的关键信息；或者通过角色扮演的方式，让学生模拟商务谈判的场景，锻炼他们在复杂商务环境下的听力技巧和反应能力。通过这样的实践教学，学生将能够更好地适应未来职场中可能遇到的各类商务英语听力挑战，从而为他们未来的职

[①] 周梅.图式理论在商务英语听力教学中的应用［J］.海外英语，2021（6）：161.

业发展打下坚实的基础。

2.语音语速较快

在商业交往或职场环境中，交流者通常会表现出较快的语速。在这种情境下，学生必须培养出能够迅速捕捉信息、领会话语含义的能力。为了帮助学生提升对不同语速下语音的适应能力，教师可以采取一系列教学策略，如调整语音材料的播放速度，让学生听取快速或慢速发音，并通过跟读和模仿的练习方式加以巩固。通过这样系统的听力训练，学生将逐步提高对各种语速的适应性，进而全面提升其听力技能。

3.强调对跨文化交际的理解

在国际商务的广阔舞台上，来自世界各地的人们带着各自独特的文化背景进行着交流与合作。这种跨文化的交流虽然充满了机遇，但也容易因对彼此文化差异的理解不足而滋生误解和冲突。为此，培养学生具备优秀的跨文化交际能力显得尤为重要，这不仅要求学生深刻理解不同文化背景下人们的沟通方式，更体现在他们能否展现出对这些文化差异的尊重和包容上。

在开展商务英语听力教学的进程中，教师们应当将跨文化意识的培养放在重要位置。这就要求教师在授课过程中，不仅需要传授语言知识，还需要深入地介绍不同国家的商务礼仪、文化背景以及沟通习惯等软知识。通过对比分析，学生们能够识别并理解文化差异，学会在不同的文化环境中得体地运用英语进行商务沟通，以适应复杂多变的国际商务环境。

为了达成这一教学目标，教师可以设计各种教学活动，如模拟国际会议、角色扮演不同文化背景的商务人士、讨论跨文化沟通案例等，让学生在实际的语言运用中学习和体会跨文化交际的重要性。同时，鼓励学生积极参与到国际交流活动中去，比如，参加国际学生交流项目、实习于跨国公司等，通过亲身体验不同文化背景下的商务活动，进一步增强他们的跨文化交际能力。

通过这样的教学实践，学生们不仅将掌握英语听力的技能，更重要的是，他们将被培养成为能够理解并尊重文化多样性，能够在国际商务活动中游刃有余地运用跨文化交际技巧的全球商务人才。

（二）商务英语听力考试的特点

1. 语音构成复杂，有背景音或杂音

在国际商务的交往过程中，由于参与者来自世界各地，因此常常会听到各式各样的口音。为了使考生能够更好地适应这种实际情况，商务英语听力考试特意在试题中融入了多种不同的口音，以模拟真实的国际商务环境。在这些考题中，英国的口音（英音）占据了较大的比重，同时偶尔会穿插美国的口音或其他地区的特色口音。这就要求考生在日常的训练中，必须努力提升自己对各种口音的辨识能力。

听力部分的题目通常会以模拟真实商务场景的方式呈现，例如，接打电话的场景。在这个场景中，可能会出现一种情况，即某个人的声音较小，难以被准确捕捉。这就要求考生在听力考试的过程中，始终保持高度的专注力，以便能够准确无误地获取每一个信息点。总之，对于商务英语听力考试而言，考生不仅需要掌握英语基础知识，还需要具备对各种口音的敏感度以及在嘈杂环境中保持注意力的能力。

2. 商务背景知识（单词和表达）较常见

语言学习是一个复杂而多维的过程，在这个过程中，背景知识扮演了一个至关重要的角色。这一点在听力训练部分表现得尤为明显。众多国内外知名的语言学专家在探讨背景知识对于听力理解的贡献时，达成了共识：在听力理解的层面上，学习者对于所听内容的熟悉程度，往往能够超越其语言能力本身，成为决定性因素。换言之，一个人可能语言能力平平，但如果他对所听的内容有着深厚的背景知识，那么他的听力理解能力将会得到显著提升。

因此，对于那些有志于提高商务英语听力考试成绩的学习者来说，日常的积累就显得尤为关键。他们应当在日常的工作和生活中，有意识地去关注和接触商务领域的新闻动态，去阅读专业的英文期刊和文章，以此来拓宽自己的商务知识视野。此外，通过定期聆听 BBC 新闻等高质量英语广播，可以有效地提升英语听力能力。同时，利用沪江听力酷等在线听力训练工具，通过反复的听写练习，可以加深对商务英语词汇和语法的记忆，进而在实际的听力考试中，能够更加从容不迫地理解和应对各种商务场景的听力材料。

3.考点设计的隐蔽性较强，陷阱较多

在听力考试的命题过程中，设置干扰项是一个至关重要的环节，这需要考官们投入极大的精力进行精心的布局。原因在于，这些干扰项的设置具有极高的隐蔽性，使得考生在解答过程中难以识别和排除。总的来说，干扰项的设置主要遵循两个基本原则。

首先是答案置后原则，具体表现为在考试开始阶段，考官会提供一些看似合理且容易误导考生的线索，而这些线索并非真正的答案。真正的答案则会出现在这些线索之后，这就要求考生在听力过程中要有良好的分辨能力，能够识别出真正的答案。

其次是原词重现原则，即在听力材料中，说话人可能会用较快的语速向考生提供一些"提示"。这些"提示"通常是一些简短的词句，目的是混淆考生，使得他们在选择答案时产生困惑。更为关键的是，这些词句中的文字常常直接出现在选项中，这就要求考生在听力过程中要有足够的专注力和记忆力，以便能够准确地捕捉到这些关键信息。

二、商务英语听力教学策略

（一）商务词汇

提高商务英语听力的关键首先是掌握商务英语词汇，因为商务英语与普通英语最大的区别在于词汇。例如，"stand""range""line""network"等单词在特定的商务语言环境中具有与普通英语完全不同的意思。学生在学商务英语之前，在中学阶段或者大学一年级阶段学的基本上是普通英语，并积累了相应词汇。然而，在商务英语中，这些词汇的意思出现了变异，打破了学生多年的惯性思维。因此，这一类单词需要在商务英语课堂中反复强调，才能产生效果。

其次是商务场合中常用的一些英语简称，例如，"MD""PR""PA""HR""R&D""OHP"等，会直接影响学生的听力理解。此外，学生还需要积累很多专业商务词汇，很多商务词汇涉及国际贸易、国际商法、国际金融等方面的知识，例如，"public limited company（PLC）""limited company（LTD）""partnership""sole trader""listed company"等，需要商务英语教师在课堂中适当插入一些相关商务知识的讲解或复习。

（二）商务知识

在商务英语学习中，商务知识的深度应用是克服听力障碍的关键。当学生掌握了国际贸易、国际金融、国际商法等基础知识后，如何将这些知识灵活应用到商务英语的实际场景中，成为教学中的一大挑战。教师可以采用案例教学的方式，引入真实的商务场景和案例，让学生在模拟的环境中运用所学的商务知识进行沟通和交流。通过角色扮演、小组讨论等形式，学生可以更深入地理解商务知识在实际中的应用，同时也能提升他们的听力理解能力。商务英语教师需要注重商务知识的深度应用教学，帮助学生将所学的商务知识与英语真正融合起来，提升他们的商务英语听力和实际应用能力。同时，教师还需要注重培养学生的自主学习能力和实践能力，为他们未来的职业发展奠定坚实的基础。

第二节　商务英语口语教学

一、商务英语口语教学的特点

（一）商务英语口语教学中的词汇特点

1. 词汇简洁

在商务英语口语中，词汇的选择倾向于清晰易懂、言简意赅且语言风格平实，准确而有效地传达思想是商务英语交流中的核心要求。举例来说，当表达"现在，此时"时，应使用"now"而非"at this time"；在描述"金额为5000美元的汇票"时，宜选用"a draft for \$5000"而非"a draft in the amount of \$5000"；对于"按你方要求"，推荐使用"as you requested"而非"in accordance with your request"；在表达"考虑"时，应选用"think"而非"conjecture"；对于"完成"这一动作，建议使用"finish"而非"consummate"；在提及"排序"时，推荐采用"rank"而非"prioritize"。这些词汇选择均旨在确保商务英语交流的准确性和效率。

2. 经常使用术语和缩略词

商务英语应用词汇具有显著的广泛性，尤其在一词多义的现象上，这在商务英语口语中表现得尤为突出。在不同的语言应用场景中，同一词汇可能承载不同的含义。例如，"player"一词，在常规语境下通常指"比赛者，运动员"，但在商务英语口语中，其意义则转化为"竞争对手，参与者，局中人"。又比如，"lift"一词，其原始意义为"升高，举起"，但在特定的商务英语上下文中，它可能被理解为"取消"。

此外，商务英语口语中还频繁使用商业术语。这些术语不仅言简意赅、易于记忆和使用，而且其含义丰富，涉及多个边缘学科的知识。这些术语往往以缩写形式出现，例如，"EXW"对应"EX Works（工厂交货）"，"FCA"对应"free carrier（货交承运人）"，还有"CFR"或"C & F"对应"Cost and Freight（成本加运费）"，等等。这些专业术语和缩略词在商务英语口语中的使用，是确保商务交流准确性和高效性的重要手段。因此，对于从事商务工作的人来说，熟练掌握这些词汇，并能在实际交流中灵活运用，是非常重要的。

（二）商务英语口语教学中的句法特点

在商务英语口语的运用中，句子通常采用简洁明了的现代英语表达，具备高度的目的性和功能性。其核心职责在于高效履行交际任务。在诸如商务会议、谈判、电话沟通以及讨论等场景中，从业人员所使用的英语必须紧密围绕交易目标展开，旨在影响他人以采纳己方观点，从而实现既定目标。因此，所选择的句子必须精炼，展现出强烈的客观性。例如，在表达"我此行的目的正是想探询与贵公司建立贸易关系的可能性"时，可以使用"I'm here to discuss the potential of establishing trade relations with your company"来表述，既开门见山，又精准有效，逻辑性强。

在商务交流中，语言应当清晰、连贯，逻辑合理，以确保信息的准确传达。数据的准确性、术语的恰当运用以及时间的节省，都是这一过程中不可忽视的要素。例如，在表达感谢时，应当选择简洁明了的"Thank you for …"而非冗长的"Express my heartfelt gratitude to you for …"。此外，为了加强逻辑关系的表达，还经常使用如"as a result""for this reason"等短语。

二、商务英语口语教学的策略

（一）多媒体网络教学

多媒体网络教学为商务英语课堂开辟了更为宽广的教学领域。多媒体教学软件整合了图像、文字、声音等多种元素，能够显著提升学生的学习热情和团队协作能力。同时，互联网提供了丰富的文化学习资源和虚拟的商务活动环境，有助于学生个性化地培养跨文化能力。教师应深入挖掘并充分利用这一新型教学模式的潜在优势，以引导学生更有效地学习。

（二）注重培养表达与沟通能力

商务英语专业是跨学科的复合型专业。该专业培养的人才既要有扎实的英语基础，又必须掌握宽广的商务知识，同时还要有优秀的表达与沟通能力。从宏观来看，基础的商务活动包括贸易实体的内部管理行为和外部事宜的安排处理方法。而从贸易流程的微观来看，其还包括询盘、报价、回盘、实盘、合同签署、信用证开立、付款、运输、保险、申诉和索赔等环节。中间的每一环节都对交易的成败起着重要作用。商务英语口语作为以提高学生在国际商务情景中表达能力和沟通能力为目标的一门主要课程，其教学需实现英语技能提高和商务知识积累间的密切耦合。教师应注重构建真实的商务场景，让学生在模拟的商务环境中进行贸易流程口语表达的实操演练。这不仅有助于学生更直观地理解商务流程，还能使他们在模拟场景中锻炼自己的口语表达能力和应对突发情况的能力。

（三）语音语言训练

语音训练要贯穿学习的始终。一口流利、标准的发音不仅能使从业人员在商务活动中将信息准确地表达出去，还能让对方感觉受到尊重，为商务活动更好地推进奠定基础。因此，自大学一年级起，学生便应系统学习英语发音规则，并持续训练语音语调，甚至应当鼓励学生在未来职场环境中，也要保持对语音的训练，以维持发音的准确、地道与优美。

商务英语作为英语的一种应用形式，同样需要坚实的语言基础。然而，部分学生在选择商务英语后，往往忽视了语言基本功的训练，导致在口语表达中句子结构错误频发，词汇匮乏。因此，进入大学后，学生应继续深化语法和词汇的学习。特别是学习商务英语的同学们，应大量背诵商务英语词汇，并关注普通词汇在商务语境下的特殊含义。这样学习者才能熟练掌握各种语法规则，不断扩充商务英语词汇量，确保在商务沟通中的流畅与准确。

第三节　商务英语阅读教学

一、商务英语阅读教学的特点

（一）背景知识丰富

商务英语通常结合了某种行业或工作的特定内容和商务环境下的一般交际能力相关的内容。商务环境是一个大范畴的词语，涉及行业包括金融、信息、财经、企业管理、国际贸易、电子商务等一切有商务活动参与的诸多领域。传统的语言教学取材多来自文学方面，虽也有涉及其他方面如经济、金融等，但就商务英语专业的要求而言，体系不够系统全面，专业度也不够深，无法达到商务英语的教学期待要求。商务英语通常涉及面较广，一些文章可能会涉及经济贸易、市场营销、金融财务，甚至还有法律等知识。

（二）篇章结构规范

商务英语文章涵盖商务合同、商务报告、商务信函以及商务评论等多种类型，每种类型均具备其独特的行文特点，但一般多为应用型议论文或说明文。相较于文学作品，其语言更为简明扼要，辞藻运用较少。在语篇构建方面，商务英语文章展现出逻辑严谨、意义连贯的特点，体现在句子结构的合理性、段落安排的逻辑性，以及整体语篇思维的连贯性上。此外，商务英语文章通常遵循先综合后分析的思维模式，确保信息的有效传递。为了使商务英语文章保持较高的逻辑性和清晰度，作者往往运用连词、介词、副词等语法手段来明确表达时间、人物、变化以及内在联系，以确保信息的准确性和易理解性。

二、商务英语阅读教学的策略

（一）教材

随着商务英语专业研究的不断深入，课程阅读教材上也发生了相应的改变。例如，新版《泛读教程》在原有的基础上增加了具有丰富商务知识的阅读素材。旧版《泛读教程》着重于介绍各种阅读技巧，并有针对性地组织阅读任务来训练学生的阅读技能。但是对于商务英语专业的实际教学需要而言，这套教材的局限在于不能够满足本专业学生对商务知识的进一步需求。而增加商务阅读素材，正好填补了该教材的缺陷。

（二）教学模式

教材的改变直接影响了教学模式，可以采用新旧两套教材相互对照的方法，总共分为三个阶段：

1. 课前准备

要求学生在上课之前对商务材料进行预习，针对单元主题，自行查找相关资料，对相关背景知识有所了解，并对预习词汇进行分类整理。这一自学过程的目的是培养学生的自主学习能力，激励他们通过多种途径去理解和掌握商务专业知识。通过这一环节，可以增强学生学习的连贯性，提升他们的学习动力，并激发他们对学习的兴趣。在查找资料的过程中，学生可以发现并提出问题，梳理出知识脉络，记录下自己尚未理解的内容。这不仅为课堂讲解提供了基础知识，也为学生更好地掌握知识打下了坚实的基础。

2. 课上分析总结

课堂活动主要着手解决两大核心问题。首先，它负责对学生预习任务的完成情况进行细致的核查与评估，对学生的学习思路以及所获成果进行梳理和概括，旨在帮助学生构建起对所学知识的全面理解框架。在这个过程中，对背景知识的引入显得尤为重要，这一环节通常需要占据一个课时。其次，课堂活动致力于指导学生学习《泛读教程》中所涵盖的阅读技巧，并在课堂上直接应用这些技巧进行阅读速度和质量的训练。这包括对长句和难句的分析，旨在帮助学生克服语言学习中的难点，并使他们能够熟练运用方法对复杂句子进行拆解和理解。通过这样的实践训练，学生将能够逐步提升他们的阅读能力，为深入掌握课程内容打下坚实的基础。

3. 课后练习

在课堂学习的知识体系之外，课后练习是对于学生掌握知识同样关键的一个环节。教师在这一过程中扮演着重要的引导者角色，他们引导学生进行课后的自主拓展学习，确保学生能够紧跟商务领域的最新发展动态，从而提升他们的商务知识水平。为了更好地实现这一目标，教师会建议学生阅读大量的商务英语文章，以此来扩大他们的知识面。此外，教师还会推荐学生阅读一些英汉对照版的经济类书籍，这样做的好处是使学生在理解商务英语专业性较强的文章时，能够得到更好的支持与帮助。通过这样的方式，学生不仅能够提升他们的商务英语阅读能力，同时也能够加深他们对商务领域的理解与认识。

第四节　商务英语写作教学

一、商务英语写作教学的特点

商务英语教学是融商务知识与英语于一体的实用英语课，其教学是围绕着特定的目的和内容而进行。如同其他专门用途英语课程一样，商务英语写作也具有三个教学特点：使用真实语料、以目的为导向、以自我学习为中心。

真实语料对于商务英语写作教学的意义在于其能够为学生提供更加贴近实际商务环境的写作范例，从而增强学生的实践能力和应用技能。这些语料通常来源于真实的商务沟通，包括商务信函、合同、报告、提案等。它们不仅包含了正确的语言结构和表达方式，还体现了商务写作的专业性和严谨性。在商务英语写作教学中，引入真实语料可以让学生直观地感受到商务写作的真实场景和要求，以及帮助学生了解不同文化背景下的商务写作差异。学生可以更好地理解商务写作中的语言特点、写作风格和表达方式。他们可以从中学习到如何撰写清晰、准确、专业的商务文书，如何运用专业术语和行话进行有效沟通，如何遵循商务写作的规范和格式等。

以目的为导向为学生指明了一个清晰的学习路径。在传统的教学模式中，学生往往被要求按照固定的模板和格式进行写作，这种机械化的练习方式难以激发学生的创造力和积极性。然而，以目的为导向的教学方法强调写作的实际应用性和目标性，使学生在写作过程中能够明确自己的写作目的和读者对象，从而更加有针对性地展开思考和表达。

以自我学习为中心的商务英语写作教学能够极大地激发学生的学习主动性和积极性。在自我学习的过程中，学生需要根据自己的实际情况和学习目标，主动选择学习内容、方法和时间。这种主动性使得学生能够更加深入地理解和掌握知识，从而提高学习的效率和质量。在商务英语写作中，学生需要不断地进行实践、反思和总结。这一过程能够帮助学生逐渐掌握自主学习的方法和技巧，形成自主学习的习惯和能力。

在商务英语写作教学过程中，师生应是交互、合作、协商的关系。师生共同置身于语言交际的教学环境中，让学生在教与学的过程中通过各种现实的商务工作，学会运用语言处理日常商务的方法，最终培养和提高他们的语言能力、交际能力和工作能力。

二、商务英语写作教学的策略

（一）增强英语基础知识和技能的训练

在教学过程中，我们必须高度重视并致力于提高学生的词汇量储备水平。这是因为词汇是语言的基础，更是语言交流的基石。我们不仅要让学生认识到积累词汇的重要性，更要引导他们形成持续积累词汇的积极学习习惯。特别是在商务领域，相关的专业词汇对于学生未来的专业发展具有至关重要的作用。因此，我们需要特别关注学生在这一方面的学习和掌握情况。

另外，英语听、说、读、写各个方面的语言能力是相互促进、相辅相成的。不能片面追求某一方面的能力而忽视其他方面的发展。因此，在平时的学习中，应该注意全面提高学生的语言综合能力，让他们在英语学习的各个方面都能得到均衡的发展。

为了达成这一目标,我们鼓励学生培养良好的英文阅读习惯。广泛的阅读不仅可以帮助学生扩充知识面,还可以培养他们的语感和写作思维。这种阅读习惯不仅能够提高学生的阅读速度和阅读理解能力,更能为他们日后的写作奠定坚实的基础。通过阅读,学生可以从优秀的英文作品中汲取营养,学习如何更好地表达自己的思想和观点,这对提高他们的写作能力是大有裨益的。因此,我们应该积极鼓励学生多阅读、多积累,不断提高他们的语言综合能力和写作能力。

(二)在商务英语写作教学中要掌握商务英语文体的特点与注意交际文化

要提高商务英语写作水平,除了要有扎实的英语基本功,还要对商务英语文体特点有充分的认识,准确地区分不同体裁商务英语的风格特点,从而写出满足不同商务要求的文件。教师在教学过程中应当提供丰富的教学资源,涵盖各种商务文档类型,例如,商务合同、项目报告、商业计划书、电子邮件模板等,使学生能够在实践中学习和掌握不同文体的写作技巧。此外,商务英语的写作不仅仅是语言的应用,还涉及跨文化交流的层面。因此,教师应当重视提升学生的跨文化商务交际能力,包括为学生介绍不同文化背景下的商务礼仪、交际习惯和商业礼节。通过这种方式,学生将能够在商务英语写作中准确地传达信息,恰当地表达礼貌与尊重,避免文化误解和沟通障碍,确保商务沟通的效率和效果。

(三)进行写作练习和收集写作素材

要想提高商务英语的写作能力,唯一有效的途径就是勤写多练。教师应当积极地鼓励学生们在课外时间多进行写作练习,这样可以有效地培养他们良好的写作习惯,并且有助于锻炼他们的写作思维能力。与此同时,在长时间的写作实践过程中,学生们不仅能够积累大量的写作经验,还可以总结出许多宝贵的写作技巧和方法。此外,通过不断地写作训练，学生们可以积累大量的写作素材，包括各种有用的词汇、句型、名言警句等。这些都将在他们的写作过程中发挥重要的作用。

特别是在应用文写作方面，一旦学生们对写作的基本模式和结构有了熟练的掌握，那么他们的写作质量将得到极大的提升，同时也能有效提高他们的写作效率。总的来说，通过鼓励学生们进行课外练笔，不仅可以培养他们良好的写作习惯，还能在长期的训练中提升他们的写作能力，为他们的未来学习和工作打下坚实的基础。

第五节 商务英语翻译教学

一、商务英语翻译的标准与原则

（一）商务英语翻译的标准

1. "三原则"翻译标准

英国学者亚历山大·泰特勒（Alexander Fraser Tytler）提出了翻译的"三原则"标准，对翻译界产生了深远的影响。关于这一标准的具体论述主要见于《论翻译的原则》中。翻译的"三原则"标准具体如下：第一个原则是必须完整地将原文的思想表达出来；第二个原则是必须保持原文的风格以及原文作者的笔调；第三个原则是必须保证译文的通顺、流畅。

翻译的"三原则"标准适用范围十分广泛，可以在所有文体翻译中使用。另外，翻译的"三原则"标准强调原文与译文的一致性，其中最重要的就是让译文读者获得与原文读者同样的阅读感受，产生同样的阅读反应，这在商务英语翻译中有着重要作用。例如，学生在翻译商务信函时,既要将信函中的内容信息准确完整地翻译出来,也要尽可能地使收信者产生发信者所期待的反应。

2."信、达、雅"翻译标准

"信、达、雅"翻译标准是由翻译家严复提出的,对其的具体解释主要见于《天演论·译例言》中。对"信、达、雅"翻译标准的具体分析如下:

(1)信

"信"在翻译领域的核心理念就是强调译文对于原文的忠实度,也就是说,译者需要将原文中的内涵和内容进行完整、准确的转译。在这个过程中,译者必须遵守一条基本原则,那就是不得对原文所表达的含义进行任何形式的改动,同时也不能在翻译过程中遗漏原文的任何内容。实际上,在翻译实践活动中,尤其是对于学生而言,要想做到"信"字上面的精准把握,首要任务就是对原文进行深入、全面的理解。这种全面而准确的理解,不仅是实现高质量翻译的必要条件,也是所有翻译工作的基础和前提。

(2)达

"达"作为翻译标准的一个关键环节,它要求译者在忠实于原文的基础上,使译文读起来通顺、符合语言规范。为了达到"达"的要求,学生必须在翻译过程中,严格避免出现语言表达晦涩难懂、句子结构混乱不清晰、语言表达逻辑不通畅等问题。这就要求学生在翻译时,不仅要理解原文的含义,更要考虑译文的表达效果,使译文在符合目标语言表达习惯的同时,也能让读者容易理解、流畅阅读。因此,学生需要不断提高自己的语言表达能力,掌握各种语言技巧,以便在翻译中更好地实现"达"的要求。

(3)雅

"雅"是在"信"与"达"的基础上实现的,也是这一翻译标准的最高要求。"信""达""雅"实现的过程也是从易到难的过程。而"雅"主要强调的是使译文在流畅的同时具有一定的文采特点。众所周知,一篇译文的质量与翻译者的翻译水平紧密相关，而译者的翻译水平既包括其英语水平，也包括其汉语水平，更包含译者对原文的理解。"雅"是翻译的最高境界。要想实现"雅"，必须做到两个方面：一是必须彻底理解原文的思想、观点和内容，并在此基础上对原文进行翻译；二是在翻译过程中不能逐个将原文词语的翻译生硬地拼凑成译文。

在商务英语翻译中，同样需要遵循"信、达、雅"的翻译标准，即商务英语翻译不仅要做到语言的准确和严谨，还要保证商务英语翻译译文的通顺性和易懂性，做到语言的通俗易懂。更为重要的是，还要注意商务英语翻译译文的得体性。商务英语译文应该保持原文的行文风格，尽可能地还原原文，同时译文的语言表达也要与商务文本的语言特色相符。

3. "直译"与"意译"翻译标准

在英语翻译实践中，直译和意译均占据重要地位。在翻译过程中，译者应严格遵循翻译原则，根据原文的内容与需求选择直译或者意译的方法。

直译，即直接按照原文的语义和结构进行翻译，旨在保持原文的具体形式和内容。通过直译法，学生能够准确传达原文的精髓。该方法在英语翻译中比较常见。意译，指注重原文的内容而不拘泥于原文形式的翻译。由于在结构和表达上存在显著差异，当原文的形式和内容存在冲突，无法同时保留时，学生需采用意译法。

4. "功能对等"翻译标准

"功能对等"翻译标准主要强调的是功能对等性。该翻译标准的突出代表就是美国翻译家尤金·A. 奈达（Eugene A. Nida）。"功能对等"的翻译标准主要强调原文与译文在诸多方面的对等，例如，在信息内容、语言风格、文化内涵等方面实现对等。这一翻译标准在国际商务英语翻译中起着重要的作用。无论是商务英语还是其他的专门用途英语，都必须保证原文信息与译文信息的对等。

5. "语义翻译"与"交际翻译"标准

"语义翻译"与"交际翻译"标准在英语翻译中也是十分重要的。该标准的提出者是英国翻译家彼特·纽马克（Peter Newmark），具体见于他所编著的《翻译探索》中。这一翻译标准主要由两个部分组成，即语义翻译和交际翻译。

语义翻译是对直译的总结，是对逐字逐词翻译的归纳，更是集忠实翻译的诸多优势的一种翻译方法。交际翻译是对归化的总结，是对意译的归纳，更是集地道翻译的诸多优势的一种翻译方法。将语义翻译和交际翻译结合起来，更能达到翻译的良好效果。

综上所述，国外和国内的翻译标准在大方向上是相同的。从整体上来看，国内外的翻译标准都十分注重翻译信息的对等性。具体而言，国外翻译标准主要注重文体的内容、文体的信息传递、文体的具体形式等；国内翻译标准主要注重文体的忠实性、文体的等值性、文体的内容、文体的传神性等。可见，国内外翻译标准均注重译文是否能够真实地反映原文的内容、思想等。而商务英语是英语的一种常见变体，其涉及内容十分广泛，因此商务英语翻译标准与普通英语翻译标准是有一定区别的。商务英语具有自身独有的特点。也正是因为如此，商务英语翻译主要注重信息的对等性，即语义信息、风格信息、文化信息等方面的对等。

（二）商务英语翻译的原则

1. 准确性原则

准确性原则是翻译商务英语过程中必须遵循的原则。准确性原则要求必须能够用译文的表达方式将原文的内容、思想等信息完整、准确地表达出来。

2. 忠实性原则

忠实性原则主要强调的是翻译的译文与原作者的原文信息对等。这也是由商务英语的性质决定的。同时，在翻译商务英语时，必须以忠实性原则为导向，保证译文与原文的信息对等，不能窜改、歪曲、遗漏原文所表达的思想。另外，还需要注意，忠实性原则强调的不是原文语言表达形式的忠实，而是对原文内容、原文风格的忠实。

3. 通顺性原则

无论是商务英语翻译还是其他形式的语言翻译，都必须遵循通顺性原则。通顺性原则主要指的是翻译商务英语时必须使译文的词汇、句子通俗顺畅，同时符合商务活动的规范和要求。另外，在保证译文通顺的基础上，还必须保证用词的准确性，避免用词的生硬化和艰涩化。例如，"I work at the Bank of China（我在中国银行工作）"如果译成"我工作在中国银行"，就不符合汉语表达习惯。

二、商务英语翻译的误区

商务英语翻译教学不同于普通英语翻译教学，译者必须在普通英语翻译知识的基础上，掌握充足的商务专业知识。商务英语翻译中的语篇结构较为复杂，且句式较冗长，这无疑增加了商务英语翻译教学的难度。在商务英语翻译教学中，要注意学生可能会出现的问题。有些问题是由缺乏文体意识、对专业术语不了解、对原文理解错误所致，有些错误则是由译者粗心大意造成的，还有些错误则是由文化差异所导致的。总体而言，商务语篇翻译教学中学生的常见错误如下文所述。

（一）语体不当

商务英语翻译本身具有一定的特殊性，且对译者的要求也比较高。例如，语体意识就是从事商务英语翻译的译者必须具备的一种意识。如果学生在翻译商务英语的过程中，选择了错误的语体，或是译者根本就没有语体意识，那么就会进入语体不当的误区。

众所周知，商务英语语篇中存在很多的语体，每种语体所具有的特点是不一样的。例如，商业广告为了能够快速吸引大众，其语体必须具有简洁明了、生动形象、感染力强等特点；商务信函为了突出商务信息的严谨性和规范性，其语体通常具有正式和严谨的特点。同时，还有一些通过各种网络手段传递的商务信息，这些信息为了能够展现企业形象，其语体通常具有简洁化、口语化的特点。可见，译者在翻译商务英语语篇的过程中，了解和掌握这些语篇的语体特征是十分重要的。如果译者不能做到这一点，那么就会使商务英语翻译出现语体不当的现象。下面主要以商务信函翻译为例，对语体不当这一常见翻译误区进行分析。

商务信函使用的是商务英语翻译中比较常见的语体，即公函语体。这种语体的主要特征是内容严谨、表达委婉、用词规范等。译者在对其翻译时，应该将原文的这种语体特征体现出来，尤其是原文中的委婉和礼貌语气必须在译文中再现。同时，译者还要注意原文中相关行业套语的翻译，使其必须符合译入语的习惯。另外，译者在使用公函语体进行翻译过程中，还应该根据原文的意思选择相对简洁清晰的书面语，尽量少用一些口语化、广告体的表述。

（二）错译或误译

正如前文所述，商务英语与普通英语的显著区别在于，为了简化表达以及提高商务活动效率，商务英语表达中经常会使用一些与商务有关的专业术语以及缩略语。如果译者在翻译过程中，不了解商务英语的这一商务特色和语言特色，或所具备的商务知识不足，仍局限于普通英语的翻译，这样就会导致译文中所使用的专业术语不符合商务英语的习惯，甚至导致专业术语使用不恰当的现象。这里以"flat rate

（固定的利率）"为例进行简要分析。很多译者将其翻译成了"平台率"。"flat sales for the month（这个月的滞销）"被译成了"这个月的平面销售"。

除此之外，还需要指出的是，商务英语的同一个词语可能在不同的商务活动中表示不同的意思，即一词多义现象。在具体的商务英语翻译中，如果译者对某个词汇的意思不了解或片面了解，就很容易导致译者在不同的商务活动中将这一词汇翻译成同一个意思。这种片面理解词汇含义的行为极易引发商务英语翻译中的错译、误译现象。

（三）死译或硬译

鉴于商务英语翻译的特殊性，在具体翻译时与普通英语翻译存在一定的差异。因此，译者在翻译商务英语时，应该选用恰当的方法进行翻译。通常情况下，直译法和意译法在商务英语翻译中比较常用。其中，直译法往往被优先考虑，因为它具有很多其他翻译方法无法比拟的优势，如可以使译文的内容、思想以及语言风格和原文保持高度的一致。

然而在具体的翻译实践中，虽然译者会大量采用直译的方式来翻译原文，但是这并不是说直译适用于所有风格的作品。因为译者在具体的翻译过程中使用直译的翻译方式也会受到很多局限，有时译者采用直译容易出现死译、硬译，以及译文内容缺乏逻辑性等问题，给读者阅读带来困难。

如果在采用直译的方式翻译某些商务英语词汇时出现了死译或硬译的问题，那么可以考虑采用意译的方式进行翻译。例如，将"cash crop"直译为"金钱作物"，"black economy"译为"黑色作物"，这种现象就是死译现象。如果采用意译的方式，前者就可以翻译成"经济作物"，后者译为"地下经济"，会更加规范，也更符合商务用语习惯。然而，有一些词语是适合用直译法进行翻译的。例如，"bad debts"可以直译为"坏账",而"paperless transaction"译为"无纸交易"。因此,并不是所有的直译都会导致商务英语翻译的死译或硬译现象,直译与死译或硬译不能直接画等号。

(四)文化差异间的误译

翻译是一种语言转换过程,而语言转换的背后更多的是文化的转换,商务英语翻译也不例外。在指导学生进行翻译商务英语时,应特别强调对国外的风俗习惯、思维观念、表达方式、审美特点等文化背景的深入了解,同时也不能忽视对本国的文化内涵探索。在此基础上,需帮助学生深刻认识到国内外文化差异,并鼓励他们灵活运用多样化的翻译技巧和策略,以有效弥合这些差异。这样,不仅能确保翻译作品精准传达原文意图,还能促进商品在国际市场上被广泛接受,进而提高中国在商务活动中的竞争力。如果学生对国内外文化差异不了解或了解得不透彻,那么在翻译过程中就可能会出现误译现象。

1. 颜色造成的文化差异

在不同的语境中,有一些颜色词所指的意义与语用意义存在完全对应的关系,这类颜色词在使用过程中比较简单,一般不会造成文化含义和语用意义的误解现象;而在人类语言中有一些颜色词所指的意义与语用的意义并不能完全对应,甚至大相径庭,这类颜色词在使用过程中会比较复杂,如果译者不了解这类颜色词的文化含义和语用意义以及两者的差异,就会造成文化含义与语用意义的误解现象,甚至将文化含义与语用意义等同起来,造成误译现象。

这类由颜色词造成的文化差异,进而造成误译现象的例子很多。例如,对于标有"红豆"商标的产品,译者将其翻译为"Red Bean";对于标有"蓝天"商标的产品,译者将其翻译成"Blue Sky";对于标有"白象"商标的产品,译者将其翻译成"White Elephant",等等。从这些例子可以看出,这些翻译单从语义信息来看,其语义信息是对等的,然而,如果从文化信息的视角来审视，就存在很多的问题。尤其是像"White Elephant"一词在英语语境用来特指"昂贵而无用之物"，含有贬义的色彩，并不适合作为商标的翻译使用。因此，无论是对普通英语的颜色词进行翻译还是对商务英语的颜色词进行翻译，译者都必须在了解词语语义信息的基础上，了解词语的文化信息。只有这样，才能将商务英语颜色词的真正意义表达出来，避免误译现象的发生。

2. 数字造成的文化差异

中西方文化在思维方式、风俗习惯等方面都有所不同。有趣的是，在数字的含义方面中西方也有着不同的理解。例如，在欧美等西方国家，数字"7"很受欢迎。在商务英语中，带有数字"7"的商标也有着特殊的内涵，如标有"7-Up"的商标饮料，在具体的翻译中并不是将其翻译成了"七上"，而是将其翻译成"七喜"，这是由数字"7"所蕴含的文化差异决定的。如果译者在翻译过程中，不了解数字"7"的文化内涵。只依照翻译器结果表达含义，就会造成误译现象。

而在中国，数字"8"很受中国人的欢迎。其受欢迎程度如同西方国家对数字"7"的喜爱。在西方的投掷游戏中，数字"7"还有另外一层含义，即胜利。还有"MildSever（柔和七星）"和"Seven Star（七星）"的香烟商标以及"7-Eleven（7-Eleven连锁店）"等。但在我国，"7"只是个普通的数字。数字"8"在当代商品经济社会中深受中国人喜爱——因为它的发音与"发"谐音，暗含发财致富的意思。除了中西方文化差异造成的误译以外，英式英语与美式英语在用词方面的差异也会导致误译、错译。因此，译者在翻译这类商务英语时，必须对其进行仔细辨别，从而避免误译现象的发生。

三、商务英语翻译的技巧分析

（一）商务英语翻译中存在的问题

当前，商务英语翻译正处于不断完善发展的阶段，不论是商务英语的研究者还是实践翻译者都已经总结积累了丰富的经验，对商务英语翻译的持续健康发展奠定了坚实基础。但需要注意的是，商务英语翻译还存在一些问题，这些问题若不能得到妥善解决必然会影响我国的国际贸易活动。商务英语翻译中存在的问题主要从以下两个方面进行系统的论述：

1. 词汇问题

词汇问题不仅在普通英语翻译中比较常见，在商务英语翻译中也比较常见。商务英语中的这些专业词汇与普通英语有着很大的区别。如果译者在翻译时按照普通英语词汇进行翻译，或没有结合商务表达习惯，这样很容易造成词汇翻译错误的现象，从而使译文不能准确地将原文内容表达出来，进而降低了商务英语翻译的规范性和专业性。另外，在商务英语翻译中，还存在一种词汇问题——词义差别比较大。在翻译这类词汇时，如果译者将其翻译错误，就会影响整个材料的准确性、规范性和专业性。例如，在日常生活或者其他普通语境中，"shipper"和"carder"是意思接近的两个词语，但是到了商务英语的语境中，这两个词语就代表了不同的含义，需要进行明确的区分："shipper"指货物交出者；"carder"则指货物运输的中间方。

2. 句式问题

众所周知，西方国家注重抽象思维，而中国主要以形象思维为主。再加上中西方风俗习惯、文化背景等方面的不同，英语和汉语在句式结构上也存在很大的差异。

汉语句式以"意"为核心，不注重句子的完整性，更倾向于句子的意会，在表达中最为常用的方法是人称表达法。而英语句式则以"形式"为核心，注重句子的完整性。因此，学生在翻译商务英语的过程中，通常采用被动句式，这样有利于保证商务信息的准确性、正式性。如果学生不重视对句式结构的把握，就容易在具体翻译中出现句式错位、偏差等问题。

（二）词汇翻译的特殊方法与技巧

1. 字面译

在一些专业的英语中，有很多的新词的意思都是由旧词赋予的，一般而言，这些新词往往会带有一些隐喻的色彩。例如，"window"的本意是"窗户"，用在计算机领域，就可以翻译成"窗口"。随着读者对这一译法的熟悉与接受，这一词汇在计算机语境下逐渐获得了新的、约定俗成的意义。

2. 音译

音译就是根据单词的发音进行的英汉互译的一种方法，从总体上来看，这种翻译手法是遵从一定的美学要求的，例如，"sonar"译为"声呐"，"clone"译为"克隆"等。

3. 半音半意译

对于一些专业术语而言，单纯使用音译不够正式，所以常采用与意译相结合的方式进行翻译，例如，"Monel Metal"译为"蒙乃尔合金"，"Doppler Effect"译为"多普勒效应"。

4. 形译

在科技类商务领域，许多科技专业术语为了更加形象地描述某种技术术语，通常会用英文字母的外形来表达，这种方法被称为形译法。

5. 移植译

在翻译一些派生词或者是复合词的时候，多用移植的方式，所谓移植法指的是将单词中各个词素分别译出，例如，"microwave"译为"微波"。因为有些专业术语是比较长的，所以在翻译的时候用移植法能更好地显示出单词的意思。

6. 采用外文缩写词

在专业术语中，如果将由多个词汇组成的长段专业术语逐词翻译，会非常冗长。所以在很多情况下，译者不会将这类术语全部翻译出来，而是会直接使用约定俗成的外文缩写词。这类单词在计算机以及生物领域中非常常见，例如，直接将"综合业务数字网"用"ISDN"进行表示。

7. 完全对译和部分对译技巧

通常而言，面对一些专业名词、专用术语，或者是翻译词汇不存在一词多义的情况时，译者可以使用完全对译的翻译方法。

如果在翻译过程中出现了一词多义的现象，就需要借助上下文内容以及具体的语境明确该词在当前的语境中代表哪些含义，尽量选择与原文含义相接近的译文词语。商务英语中常见的发放贷款，可以用英语中的"to launch a loan"来表达。而其中的"launch"就属于一词多义，"to launch a training class/course"表示开设训练班，"to launch a satellite"则表示发射卫星。又如，在翻译"Boss is firm with his men"时，如果按照"firm"的普遍含义译为"坚定"就不够准确，使翻译流于形式，其内在含义应该译为"严格"或者"严厉"，只有这样才能准确表达原文意思。因此，在商务英语翻译中，译者必须着重考虑语境因素，根据具体的语境选择最为合适的翻译词语，从而达到翻译的准确性。当然，这种情况不只出现在英语中，在汉语中也非常多见。

（三）翻译的艺术化处理技巧

翻译是对原文的一种再创造。有时简单的对译就能满足翻译的要求，但这种情况比较少见，即使是简单的对译，译者也要考虑英汉语序的转换。更多时候，一个英语单词含义往往需要译者运用若干个汉语词汇来翻译，因而译者在翻译英汉对译的时候要运用一定的翻译技巧，即对译文进行艺术加工。在商务英语的翻译中，译者经常运用的艺术化处理技巧主要包括如下几种方式：

1. 合句法

所谓合句法就是指译者在翻译的过程中把若干个较短的句子合并成一个长句。众所周知，汉语在表达中重视意合，因而其句子比较短，而英语在表达中重视形合，因而其句子都比较长，翻译时可以适当地运用合句法，从而使译文更加符合西方人的表达习惯，将原文中的多个简单句或一个复合句用译语语用习惯翻译成一个单句。

2. 分句法

分句法是在具体的翻译过程中可以对原句结构进行一定的改动，将冗长的英文句子拆分成短句，这种方法有利于译文读者顺利阅读。

对英语句子具体的拆分可以选在关系代词处、主谓连接处、并列转折处等位置，在这些位置进行拆分不会使句子的本意发生变化。这种翻译方法有助于整体上保留英语原有的语序，符合汉语的语序习惯，可以使译者顺译全句，使译文更加清晰、流畅。

3. 词类转化法

由于英语与汉语是两种完全不同的语言体系，因此英汉语言存在诸多差异，尤其是在语法结构上。在商务英语翻译中，译者要想成功地完成翻译任务，让译文读者在阅读时没有过多的障碍，就必须对原文中的词类进行灵活处理，通过转换词类使译文更加流畅，更具可读性。下面对商务英语翻译中的词类转换类型进行具体分析：

（1）转化为动词：一些本身含有动作意味的名词、形容词、副词、介词等可以转换为动词。

（2）转化为名词：一些由名词派生而成的动词、部分形容词及副词可以转换为名词。

（3）转化为形容词：一些形容词派生的名词及副词可以转换为形容词。

4. 增词法

增词法即在翻译过程中，译者根据实际需求，审慎地增添能够准确传达原文意义的词汇，以确保译文的精确性与流畅性。这些增添的词汇类型多样，包括但不限于名词、动词等，但务必明确，增词法仅限于词汇的增补，不得随意改变原文的含义。

此外，为增强译文的生动性与准确性，译者亦可对已出现的词汇进行必要的重复，并适时地总结前文，这也是增词法的一种有效运用。

在汉语表达中，无主语句较为常见，而英语则倾向于明确主语。因此，当将汉语译为英语时，除少数英语结构允许使用无主语句外，译者应在多数情况下为译文明确主语，以促进读者的理解。

英语与汉语在词汇使用上存在显著差异。英语表达中，代词的使用较为普遍，故译者在翻译汉语至英语时，需适时添加物主代词及连词。同时，英语中介词和冠词的使用亦十分频繁，译者在进行翻译时应适当增补。

需强调的是，增词法的运用应审慎而合理，既要确保语法结构的完整性，又要保证译文的准确性与清晰度。

5. 减词法

与增词法相对应的是减词法，减词法要求译者在遇到一些无法译出或者没有词义的词汇时，不必将其一一翻译出来。使用减词法翻译有助于提升译文的简洁性。

对仗是汉语中常见的语言表达方式，这种句式结构有助于增强文章的气势，但是在英语中这种表达方式并不多见。因此，在翻译中可以进行适当的省略，这样既符合英语的语用表达习惯，也使译文显得更加简短有力。

在商务英语翻译过程中，译者还可以适当地省略一些没有重要含义的冠词、代词、连词、介词、动词等，这样形成的译文会更加符合译语读者的阅读习惯与思维方式，会更显精炼准确。

6. 换词法

换词法是指在翻译过程中，译者可以按照具体的语境要求，在保证语意连贯的前提下，更换更为恰当的词语进行翻译，这样可以使译文完整地传达原文的意思，避免出现译文离题的情况。

7. 正译法与反译法

不管是在英语中还是在汉语中，人们在描述同一个事物、讲述同一种观点时，都可以采用正说与反说两种方式。正译法与反译法就是在此基础上建立的。正译法就是按照与原文相同的语序或表达方式进行翻译；反译法就是按照与原文相反的语序或表达方式进行翻译。实际上，正译法与反译法的效果一般是相同的。不过在汉译英的过程中，反译法更适合英语的语用习惯与思维方式，会使译文显得更加地道。

在英语表达中有一些词语与句子本身不含否定含义，但是其呈现出来的语义是否定的；还有些词句属于否定形式，但表达出来的却是肯定的含义。面对这种情况，译者首先要准确理解语句的真正含义，再使用正译法或反译法将原文真正含义翻译出来。

8. 深化法与浅化法

在商务英语的翻译实践中，有的时候译者不能直接从字面的意思来翻译原文，需要结合上下文以及汉语的表达思想来完成翻译，根据具体的语境与语用表达习惯，采用深化法或浅化法进行合理的引申。深化法是从一般中提炼出特殊，而浅化法是将特殊总结为一般。

9. 语序调整法

在中国人的汉语表达习惯中，人们往往把句子中的定语以及状语等词汇放在被修饰语的前面，然而在西方人的英语表达习惯中，人们往往把句子中的定语以及状语等词汇放在被修饰语的后面，因而译者在翻译时要适当调整语序。通常情况下，这种方法较多地应用于英译汉中。

10. 包孕法

在英语长句的翻译中，译者通常使用包孕法将英语的后置成分前置，按照汉语语序使修饰成分在译文中形成前置包孕。需要注意的是，译文中的修饰成分不应过多，不然会显得烦琐，还有可能导致汉语句子结构的混乱不清。

11. 重组法

一般情况下，译者在翻译商务英语时通常会遇到各种各样的句式，有时一些句式十分拗口，不符合目的语国家的语言表达习惯，需要译者在彻底理解原文思想以及结构的基础上对原文的句子进行重组，即运用重组法进行翻译。

（四）商务英语翻译的策略

1. 把握文化背景差异

由于中西方在地理位置、气候、风土习俗以及发展历史等方面的不同，导致中西方的文化也存在较大的差异，进而对英语和汉语两种语言产生较大的影响。译者在具体的翻译实践中需要了解作者所处的时代背景以及文化体系，从而准确翻译作品，避免由于不了解中西方在某个方面的文化差异而出现错误的翻译，最终造成文化冲突。世界上有很多不同的民族，每个民族都有自己的文化体系以及风土人情，其能够反映本民族居民的生活状态和精神风貌，是本民族智慧的结晶，因而文化对翻译有着非常重要的影响。译者在开展商务英语翻译工作时，一定要十分谨慎仔细，要考虑多方面的因素，不能使译文因为文化歧义而造成较大的翻译错误。

2. 讲究专业术语对等

专业术语通常是指应用到很多专业领域或者专业学科中的词汇，这些词汇是固定的搭配而且它能够表达准确、科学的含义。由于商务英语的性质使其包含了很多专业术语，因而译者要想准确翻译商务英语，前提条件就是要准确读懂和理解这些专业术语。因此，译者需要大量学习和了解相关领域的专业知识，以便能够准确翻译与商务英语相关的专业术语。

商务英语翻译需要遵循一定的参考标准，其中最重要的标准就是翻译的功能对等。所谓功能对等是指译者在翻译时不要逐字逐句地翻译，要从文章的宏观结构出发来审视商务英语的原文，从而从语篇的角度进行翻译。在具体的翻译实践中，译者必须重视译文中的词语选择，注重词语的文化背景以及逻辑性等，尤其是在选择专业词汇时一定要十分谨慎。总而言之，译者在翻译商务英语时一定要重视词汇的选择，从而使译文更加通顺，符合功能对等原则。

通常情况下，英语有一个十分明显的特点，那就是英语中的每个词语往往都有好几个不同的含义，如果词汇所处的语境不同，那么其表达的含义就不同，这种现象也经常出现在商务英语中。有一些我们日常比较熟悉且使用比较广泛的词汇，把它们应用到商务英语的某一个具体的学科中，这个词汇就具有了其他特殊的含义。这是一种固定的含义，也就是所谓的专业术语。因此，我们强调专业术语的单一释义特征，也就是译者在商务英语的翻译中要遵循的术语对等的原则。

3. 注意增词减词

在翻译商务英语合同时，因为合同是签订合同的双方以及当事人应该遵守的规定，具有明确的法律效力，所以，翻译人员必须做到用词谨慎、措辞准确贴切。在对英文合同的文字进行翻译的时候，译者可以在原文的基础上适当地增加一些原文隐去的文字,这样才能使合同看起来更加完整,结构也更加清晰,在读者进行阅读的时候也就更加方便。

除了用词准确之外,还得谨慎选择词语,不同的词语有不同的意思,其使用的语言环境也是不一样的,这些都和文化有着或多或少的联系。语言环境不同,词汇的含义就不同,因此,译者必须合理选用翻译词语,从而准确表达其意思。另外,在使用商务英语进行交流的时候,我们也要注意对比较容易混淆的词语进行准确的区分。很多时候,如果翻译时选用的词语不合适,句子就会出现歧义,甚至表达了完全不一样的意思。所以我们必须区分比较容易混淆的词语,只有这样,才能使商务英语翻译质量得到提高。

在对商务英语进行翻译的时候,我们要掌握一个比较重要的翻译技巧——对词量进行适当地增加或者减少。在进行翻译的时候,翻译人员要依据原文上下文的意思、逻辑关系、翻译文本语言上的特点和表达上的习惯,灵活处理文本内容。这包括在必要时增添原文中未直接表述但隐含意义的词汇,或删减原文中冗余且无实质意义的词句。特别是根据上下文语境,可适当增加动词、形容词等以增强表述的生动性和准确性。具体应在何时增加词语,怎样增加词语,这些都不是一蹴而就的,需要在翻译实践过程中不断累积经验。

在进行翻译的时候,删减词语的翻译方法可以使得翻译文本变得简洁明了,这样就不用对原来的文本进行逐字逐句地翻译,也在一定程度上解决了文本的累赘和歧义的问题。

4.语篇文体翻译需得体

商务文体的类型繁多,且不同类型的文体在翻译时展现出独有的特征,如广告类型、公文类型等。文体的类型不一样,其翻译的风格和整体的方向也就不一样。在对商务英语进行翻译的时候,如果要追求更合理、更贴切的译文,译者就需要深入了解各种不同的文体,并且在此基础上，再根据各个不同文体的特点来翻译语言。

对于契约文体而言，其语言大多非常正式，并具备一定的文艺性。在翻译契约文本时，我们更倾向于采用法语或拉丁语中那些精确的词汇。和其他的文体相比，契约文体翻译使用的词语更为严谨。在对契约文体进行翻译的时候，我们尤为注意避免使用含义模糊、不常用的词汇。而公文文体的语言风格则显得更为形式化，语言的使用也没那么文艺性，显得严肃庄重了许多。我们在对公文文体进行翻译的时候，使用的词语大多是比较专业的，力求翻译出来的文字简洁明了，避免过多修饰性词语，让读者能够迅速明白其中的含义。除了契约文体和公文文体外，还有一种截然不同的文体——广告文体。翻译广告文体的时候，翻译人员会大量使用形容词，尤其是形容词的最高级。广告的目的是引导消费者购买商品，并提升企业的知名度。因此，在翻译广告文体的时候，翻译的文本必须具有一定的吸引力，能够激发消费者的购买欲望，并让他们对产品产生浓厚的兴趣。

5. 调整"无对应词"的翻译

英语中的很多词语并不是和汉语中的词语完全对应的，有的可能是有一部分是相对应的，有的可能完全找不到相对应的词语，即词语空缺现象。

例如，"Benz"一开始被翻译成了"笨死"，香港又叫"平治"，这两种翻译都没有增加消费者的购买欲望。直到有了"奔驰"这个贴切的译名，才开始在中国大陆有了广大的市场。再比如，"Nike"是众人皆知的美国的一款运动品牌，其本来的意思是希腊神话故事中胜利女神的名字，美国人把这个词语看作是吉祥和胜利的意思。然而，如果我们简单地对这个词语进行音译，就可以译为"娜基"，但这个翻译对中国人而言较难理解和接受。所以，译者在进行翻译的时候，对词语的音节进行了一定的模仿，再加上运动服装都是比较经久耐用的，最后把这个词语翻译成"耐克"。这样的翻译方式既展现了运动服装经久耐用的特点，还把其中蕴含的毅力坚强的特点展现出来。即便这样，在西方人和中国人的心里，

"Nike"的含义还是不一样的,这主要是由于文化的差异性。除此之外,以汉语中的"鸳鸯"一词为例,它常被用来比喻恩爱的夫妻,但在英语翻译中仅被直译为"mandarin duck"。这样的翻译并不能把汉语中词语的真实含义表达出来。

6. 恰当使用词类转译

在商务英语翻译时,我们不能忽视翻译的风格。虽然人类的生存环境和条件等存在一定的差异性,使得文本的文化不能进行有效的翻译,但人类生存的主观需要和思考的方式本质上是相通的。翻译人员需要对差异性进行较为全面的了解,以促进不同文化之间的呼应。如果翻译人员把原文本中的风格信息忽视了,不仅会丢失翻译文本的信息,也会使得翻译文本变得不合理。总体而言,国际商务英语涵盖了各种各样的文体的语言形式,翻译人员必须对此加以注意。

在商务英语翻译中,翻译人员经常会遇到词典含义和上下文的语境不符的情况。若直接把词典中的含义应用到翻译文本中,那么,译文就有可能变得比较含糊,甚至误导阅读人员误读文本的含义。所以,翻译人员必须根据自己平时积累的语言知识对上下文进行理解,进而对词语的引申含义进行解读。

所谓的转换指的是商务英语翻译中语言的表达方式和词语性质的变化。因为英语和汉语的表达方式和词语搭配存在很大的差异性,所以,翻译过程难免会出现一定的表达错位,这个时候,翻译人员就需要进行一定的转换。

第六节　商务英语翻译教学的内容构建

一、商务英语翻译教学内容——商品说明书翻译

商品说明书在人们日常生活中比较常见，它是商务活动中非常重要的一部分，具有较强的专业性，且语言表述简洁严谨。在商品说明书的翻译中，译者除了要掌握基本的翻译准则与翻译技巧之外，还要了解商品说明书的语用特点，从而使翻译之后的商品说明书继续发挥其传递信息、指导人们使用商品的重要作用。

商品说明书是架设在商品和顾客之间的一座桥梁。首先，它是消费者使用产品的指南，消费者借助商品说明书了解商品的性能、用途及相关注意事项，从而更好地实现商品的使用价值。其次，商品说明书随着商品走入千家万户，使消费者通过它更多地了解生产企业，对商品和企业起到了广告宣传的作用。

（一）商品说明书的内容与特点

1. 商品说明书的内容

商品说明书指的是对商品的用途、构造以及使用方法等所做的文字说明。顾客在购买商品之后，就可以通过阅读商品说明书明确商品的使用方法。商品说明书一般放在商品的旁边，主要以小册子的形式呈现，其目的在于指导消费者使用商品，并指出了商品的养护方法等，以免因为错误操作对消费者造成不利影响。

在英语中，商品说明书主要有三种翻译形式，即instruction、

direction、description。商品说明书的内容需有一定的科学性，阐述使用方法时应该具有条理性，所用的语言应该通俗易懂，并且应该根据需要对所涉及的各个方面进行针对性的详细说明。

2. 商品说明书的特点

商品说明书在词汇运用上显著体现为对缩略词、专业术语以及合成词的广泛采纳。缩略词的使用旨在提高使用的便捷性和记忆的效率，尤其在科技领域，其使用频率尤为显著。因此，译者需要熟练掌握各种缩略词的对应含义，并应用于翻译实践中。商品说明书因其固有的专业性，使得商品英语说明书中包含了大量的专业术语。值得注意的是，这些专业术语中有一部分是源自普通词汇的转化。在翻译过程中，译者需对这些词汇进行仔细甄别，以确保翻译的准确性。此外，合成词在商品英语说明书中也常常出现。这些合成词多数是由现有单词经过组合拼接而成，译者在翻译时需对其结构和含义有深入的理解。

现在时态是商品英语说明书常用的时态，因为说明书主要阐述了商品的品质与功效。这些品质与功效并不是个别的、短暂的，而是普遍的、有较长期限的。例如，在"Moisturizing Color Gloss, protects and softens chapped lips.（时尚淡彩啫喱，保湿滋润，全面修护嘴唇。）"中用了一般现在时，突出了滋润是该商品的主要功能，也是持续的功能，实现了其他时态没有的说明效果。人们在使用商品的过程中必然会遇到各种各样的问题，为了对这些问题与应对方法进行说明，商品说明书会使用大量的条件句来假定这些情况的发生，然后再指出应对的方案。商品说明书多用被动语态。商品说明书是用来描述产品的，所以要立足事实，以事实为依据，所强调的应该是产品的本质特征，应该使用被动语态。被动语态的表达更加简洁，更符合商品说明书的要求。

由于商品说明书旨在迅速向读者传达商品的功能与用途，其语言风格往往呈现为简洁明了，语句结构简洁易懂，以确保信息的直观传达。同时，商品说明书作为兼具专业性与实用性的文本，其用词需保持稳定性，以确保信息的准确性。考虑到商品涉及的多样性，包括特定行业术语的使用，消费者为理解并选择合适的商品，必须仔细阅读说明书。因此，商品说明书需提供详尽、精确的信息，以供消费者参考，并激发其购买兴趣。此外，商品说明书应全面、客观地介绍产品，坚持实事求是、严谨表达的原则，以确保信息的真实性。鉴于商品说明书面向广大消费者，其语言应尽可能通俗易懂，避免晦涩难懂，以满足不同文化水平读者的阅读需求。

（二）商品说明书翻译原则

由于说明书属于科技应用文的范畴，译者在翻译的时候应该保证用语的严谨与准确性，要特别注意它的语用功能。同时多使用一些逻辑性强的语言，并且应该尽量让句子简洁明了。部分产品可能构造比较复杂，所以在撰写产品说明书的时候，应该确保论述的正确性，由于消费者并不是业内人士，对产品不太了解，因此商品说明书应该尽可能少用复杂语句，多用平实、易理解的语句。

当前，许多商品的英文说明书都存在一些错误，尤其语用失误现象非常明显。说明书作为对外交流的一种重要的手段，如果出现错误，不仅会影响海外客户对商品的了解，还有损厂家的形象，引发顾客对产品质量产生怀疑，这无疑会带来诸多负面影响。此外，中西方文化之间存在思维模式的差异，所以在翻译商品说明书的时候应该注意句法的选择以及内容的描述方式。译者需要注意到这种文化差异，采取合适的翻译方法从而传达出原文的真实意思。

（三）商品说明书的句法翻译

1. 祈使句翻译

祈使句常用于表达命令以及请求，在英文的商品说明书中也非常常见。祈使句不仅用来表达对某种事物的建议，还具有强调的作用。

所以，祈使句在英语中的使用相当普遍，往往用来表示"指示""叮嘱""告诫"等。

就表达方式而言，商品说明书的结构与语句等都是非常简洁的，受限于篇幅，说明书中常见一些简单句、祈使句以及片段等，所以，译者在翻译的时候也应该突出这些特点。除此之外，在翻译商品说明书的时候往往要对商品使用的条件做出一定的限定，所以在翻译的时候译者可以适当使用状语从句对条件予以限定。

2. 被动语态翻译

被动语态的表达相对比较简洁，还能体现一定的客观性。商品说明书主要用于解释说明商品的功能效用，并且同样非常注重其客观性和准确性。如果过度使用第一人称或第二人称进行表述就会给人一种过度主观的感觉，缺乏客观性。因此，商品说明的翻译应该尽可能地使用第三人称表述，在翻译时使用被动语态。

3. 非谓语被动语态翻译

非谓语动词结构翻译主要有两种形式：分词短语作定语和动词不定式。分词短语作定语的翻译需要参考"单分在前，分短在后"的原则。单分指单个分词，分短指分词短语，即单个分词作定语时，要放在被修饰的名词之前。而分词短语作定语时，要放在需要修饰的名词之后。需要注意的是，分词短语作定语时，不管其在句中处于怎样的位置，都无须用逗号隔开，通常译者会用"的"字结构使其变成被修饰名词的前置定语。而动词不定式除了不能作谓语之外，可以充当句子的任何其他成分。鉴于这种特性，动词不定式在商品说明书中出现的频率非常高，人们经常借助它来代替一些从句的表达。

二、商务英语翻译教学内容——商务合同翻译

由于英语是一种公认的世界性语言,所以商务文本一般都会用英语撰写,对语言表述的要求非常高,在措辞、文本结构、格式等方面必须做到严谨规范。因此,翻译商务合同必须考虑合同语言的特性,在此基础上做到精准、严谨的翻译。

(一)商务合同翻译的标准

商务合同中的各项条款都对合同签订者的经济利益有着直接的影响,一些涉外商务合同还需要考虑不同国家在法律规定上的差异,为商务合同翻译增加了许多难度。此外,商务合同的文体结构非常严谨,对用词规范要求严谨,译文也要做到严谨准确,避免歧义。因此,商务合同翻译必须依照一定的标准进行。

商务合同具有较强的专业性,同时也具有一定的兼容性。为了满足人们对商务合同的严格要求,避免出现歧义与误解,商务合同的翻译首先要做到准确严谨。合同文本与其他文本相比具有一定的特殊性,是对合同双方真实需求的文字记录。因此,合同文本的翻译对于文采韵味的要求几乎没有,最注重的是准确严谨地将合同签订者的要求与意思表示出来。合同是具有法律效力的文件,具有严肃性特征,因此在翻译过程中必须做到规范通顺。规范,就是要严格遵守法律语言的要求,呈现出契约文本的特点;通顺,就是要满足汉语的语法要求与语用习惯,保证译文能够被人清晰理解。

因此,在保证文本流畅的前提下,商务合同中的词语翻译必须做到精准对应、用词专业。例如,通常译者在翻译"accept"时,会将其译为"接受",但是在商务合同中,就必须使用更加专业的词汇——"承兑";

同时,"acceptor"就应该译为"承兑人"。又如,一般情况下,"shipping advice"与"shipping instruction"的意思基本相近,不用做详细区分。但是在商务合同中就必须对二者进行明确区分:"shipping advice"表示"装运通知",即交易双方中的卖方向买方发出的通知;而"shipping instruction"则表示"装运指示",即交易双方中买方向卖方发出的指示。同样的例子还有"shipment date"与"delivery date",这两个单词都可以译为"装货日期",但是在商务合同中它们还是有着细微的差别:"shipment date"指货物启运的日期,而"delivery date"指货物到货的日期。由此可见,在翻译商务合同时必须仔细辨别词语的含义,以免出现对合约的误解导致的纠纷。

(二)商务合同的词汇翻译

1. 商务英语合同的词汇特点

(1)专业术语单义性

目前,国际贸易已经涉足诸多行业,这使商务英语合同中除了会经常使用到各种专业的法律英语外,对于其他学科领域专业术语的使用也同样比较频繁。例如,"ocean bills of lading(海运提单)""freight to collect(运费到付)"等基本贸易术语会经常出现在商务合同中,而"expiration of contract(合同期满)"则为拟定合同时的常用合同术语。虽然这些专业术语或词汇在日常交流中并不常用,但为了保证合同内容的明确性和清晰度,仍然需要进行权威的科学认证,只有确定这些表述在任何情况下都不会出现歧义,才能放心地用来进行商务合同的表述,实际上专业术语之所以大多具有单义性,正是因为上述要求。

(2)普通词汇半专业性

由于贸易活动早已遍布各行各业,在贸易合同中需要约定的内容自然非常广泛,因此,要求合同中所有的内容都通过专业术语来表示是不切实际的,不可避免地会用到一些普通词汇,尽管这些词汇在专业性上不如专业词汇,但是其具有多义性,在合同中的应用逐渐使其转变为半专业性词汇,并延伸出一些新的含义。

(3)外来词使用较多

与汉语一样,英语在其1000余年的发展历程中,也对很多外来语进行了吸收融合,这些外来语虽然并不属于日常用语,有些甚至在是否属于英文词汇上仍存在着争议,但在商务英语合同的拟定上,这类词语常被进行延伸性的引用,最终使其演化为商务英语中不可或缺的一部分。例如,出自法语的"force majeure"在商务英语合同中通常表示不可抗力或无法预见并通过人力避免;出自希腊语的"as per"在商务英语合同中表示"根据"。此外,来源于拉丁语的"ad valorem duty(从价关税折扣)",来源于法语的"claim(权利)"等,也都在商务英语合同的拟定中被频繁地使用。

(4)古体语相对常见

英语的发展过程主要可分为古代英语、中世纪英语及现代英语三个阶段,受文艺复兴等诸多因素的影响,不同时期的英语在词汇方面的变化都比较大,不仅引入或创造了很多的新词汇,同时也有不少旧词汇因种种原因被淘汰或很少有人使用,而古体语正是其中之一。古体语是指文体色彩较为鲜明的词汇语言,一般很少用于日常交流,而在商务英语合同中较常运用,古体语可以体现出庄重、严肃的合同语言特点。例如,"hereafter(今后)""therein(在其中)"等。虽然古体语与现代英语规范有一定的出入,但用在严谨、庄重的商务英语合同中却是比较合适的。

2.商务英语合同翻译的技巧

(1)明确合同内容目的

翻译商务英语合同主要围绕语际转换展开,这是为了保证原文与译文的一致性,从而让使用不同语言的合同双方都可以明确合同各项条款的含义与要求,以免因合同理解上的偏差而导致后续合同纠纷。基于这一原则,在进行商务英语合同翻译时,译者可以从功能翻译理论的视角出发，对在具体翻译过程中出现的问题进行分析，一旦合同中出现词汇、词组、语句存在两种或多种不同的意思，应立即向合同拟定者进行询问，将该合同内容的实际含义与目的明确下来，并告知合同双方的负责人，之后再根据这一目的来进行后续翻译，同时通过使用单义性词汇、调整或拆分句式等方式来得出译文，以免合同译文与合同原文在含义上出现差异。此外，由于合同中的各项条款都与签订者的利益存在紧密联系，因此合同翻译者具有特殊的职责，合同的翻译工作必然会对当事人的利益造成间接影响，因此翻译过程中，对功能翻译理论熟练运用，坚持忠诚的翻译原则也是对翻译人员自身职业道德素养的考验。

（2）保证合同译文连贯性

由于商务英语合同文本具有法律效力，因此其词语、句法的使用都必须做到严谨规范，往往需要使用一些比较重要的词汇来完成表述。英语中的词汇重叠与汉语中的叠词大致相近，一般而言其含义不会过分变化。但是在翻译合同的过程中遇到这些重叠使用的词语，就很有可能使译文变得烦琐冗长，合同双方理解起来也会比较困难。针对这一问题，翻译人员在对商务英语合同进行翻译时，还需坚持连贯性原则，对合同内容进行深入、明确的理解，在确定重复使用词汇并无其他特殊含义的情况下，按照汉语的词语使用习惯来进行翻译，即通过一个词语来表示多个重复使用词汇的相同含义，从而保证译文句子的连贯性。

（3）准确把握句法特征

鉴于商务英语合同的特殊性，在拟定合同时还需要对不同的句式应用范围进行限制规定，例如，陈述句一般用于表述合同双方的应得利益或支出，如付款金额、付款时间要求等，而被动句则主要用于对合同双方责任、权利、义务的明确，如货物包装要求、运输方式要求等。因此，在翻译不同类型的句子时，译者要先了解与句子类型相对应的特征与应用范围，然后再选用恰当的汉语句型对其进行对应翻译。例如，在翻译结构复杂的长句时，由于这类句型在商务英语合同中通常用于说明一些容易产生歧义的权利、义务规定，而在汉语中则基本不会出现这类问题，因此翻译时需要将原文的长句拆分为多个含义明确、结构简单的短句，以便于合同双方理解。

（4）熟悉各类缩略词及其翻译标准

在商务英语合同中，经常会使用一些由简单字母、符号组成的缩略词来表达复杂含义，如"FOB"为"free on board"的首字母缩写，意为"船上交货价"，而"A/R"则表示"all risks"，意为"全险"。对于翻译人员而言，必须通过日常积累来掌握这些缩略词的含义及其翻译标准，才能够保证翻译效率及译文的准确性。

（三）商务合同的句法翻译

1. 商务合同的句法特点

在拟定商务英语合同时，不仅要详细列出双方应该享有的权利，也应该指出双方应该承担的义务，所以在选择句型时，一般会选择陈述句、复合或并列的扩展式长句，这些句型有一定的精准性和较强的客观性，结构上多采用被动句和名词性结构，且多用现在时态和直接表达式。

商务英语合同中需要表述不同的句子关系，这时就可以采用名词化结构，这种情况一般有三种：一是使用"of"来连接主谓关系或者动宾关系，或者含有"by"的短语，把复杂的从句变成名词短语；二是把被动语态转换成名词；三是将副词与动词看作一个整体，将其转换成名词词组。

名词化结构可以表示不同的句子关系，商务活动总是会存在不少变数，因此除了划分双方的权利和义务以外，还需要将商务活动过程中容易出现的情况一一列明，因此条款中会使用大量的条件从句，该句型可以将各种情况详细描述出来，有效保证了双方的经济利益。

商务英语合同最典型的句法特征就是语言客观，它将许多短句并列起来，使其共同组成一个复合句，这个复合句能将复杂的内容表达出来，所以保证了商务合同的全面性，也使合同签订双方的利益得到了保证。

2. 商务合同句法翻译的技巧

（1）长句

在涉外合同中，会出现大量的长句，这是因为涉外合同需要严谨，而长句叙述的内容比较完整，能将双方的权利与义务关系明确下来。再者，多使用长句也能减少合同内容的烦琐程度，但是，如果长句没有组织好，表意不明确，就会导致被误解。

（2）被动句

合同中常用被动语态的句子，这些被动句能够准确表明合同一方的权利义务，并且词汇的运用也显得合理。合同中大量使用被动句，能将合同的专业性体现出来，这对于合同的最终达成具有至关重要的作用。

（3）否定句

在合同文本中，为确保双方行为受到规范，否定句的运用尤为关键。在英语中，对否定的处理通常遵循两种语法结构，均依赖于语序的调整。一种方式是将否定词置于情态动词或助动词之后，形成标准的陈述语序，从而达到否定的效果。而另一种常见方式是将否定词直接置于句首，并相应调整情态动词或助动词与主语的位置，构成倒装语序。在合同文本的编纂中，第二种方法因其明确性和规范性而更受青睐。此外，为了强化语气，译者有时会采用移项否定的技巧，即改变否定句谓语的位置，将其转移至主语或宾语处，以达到强调的目的。

（4）抽象名词作主语

在涉外合同中，有大量的抽象名词作主语的情况出现，这既可以使行文凝练，同时也可以使合同更加严谨。但是在汉语中，却很少有这种抽象名词作主语或者宾语的习惯，为此，在进行涉外合同翻译时，须进行转化，即将英语的某一成分转换为汉语的另一成分，以力求行文的通顺流畅，并具有完整的含义。

三、商务英语翻译教学内容——商业广告与商标翻译

广告是广告主为了宣传产品或者服务而进行的一种付费传播的促进活动。广告这一词汇最先来自拉丁语"advertere"。到了中古英语时代，演变为"advertise"，所表示的意思为"让某人可以注意到某件事"。随后这一词汇开始被用在了商业推广活动中。

在早期，广告只是被当作一种传播手段，用来起到告知作用，也可以用来进行新闻报道。随着人类对广告认识的深入，其越来越认识到广告在营销中的重要性。到了19世纪末20世纪初，Albert Davis Lasker 明确指出："广告是一种不折不扣的营销手段。[①]"也就是从这时开始，广告才真正被认为是一种营销手段。

广告的分类比较复杂，一般而言，依据不同的标准可以有不同的分类方法。按照广告媒体的标准来看，广告包括报纸广告、广播电视广告、户外广告以及电影广告等。按广告诉求类型分类，可分为情感广告和理性广告。从不同的角度出发，广告的分类也就不一样，这让广告分类看起来非常复杂，但是无论从哪一个角度出发，广告都是进行产品宣传的一种形式。

随着社会的繁荣发展，尤其是全球一体化进程的不断推进，广告在经济以及文化等领域中的作用越来越突出。广告语言在叙述产品功能时往往会非常生动，大众在听到广告时容易产生对产品的联想，进而有可能产生购买欲望，这是广告最直接的作用。语言在广告中有着非常重要的作用，不仅影响着广告作品的成功与否，还直接影响到广告的传播效

---

① CRUIKSHANK J L, SCHULTZ A W. The Man Who Sold America:The Amazing (But True/) Story of Albert D. Lasker and the Creation of the Advertising Century [J].Enterprise/salt Lake City, 2010, 60(3):60-60.

果。我们评判广告的成功与否就是要看其是否对人们产生较强的感染力。此外，广告不仅是一种传递产品信息的传播媒介，更重要的是，它已经开始涉足艺术审美与社会文化领域。广告越来越成为一种视觉审美艺术，给人带来视觉上的享受。

（一）商业广告的特点

1. 英语商业广告的词汇特点

广告会使用杜撰词以增加消费者的新鲜感。广告必须保证理念、内容的新颖，因为消费者已经接触过海量的广告信息。如果广告不具备新颖性，将难以吸引消费者的注意力。因此，很多广告商都强调在立意上要追求创新，其最大目的就是博得消费者的关注，激发他们的购买欲望，并最终促成购买行为。而巧妙地运用修辞手段，正是广告达到这一效果的重要手段之一。受此影响，很多广告设计者开始注重在广告中使用修辞手段，旨在使广告看起来非常生动形象。杜撰词就是一种可以帮助广告设计者实现这一目的的词汇，它故意违反传统语言规范，以提高语言的表现力，从而丰富广告的内涵。

广告在对产品进行描述时往往需要对产品进行必要的渲染，而那些具有褒义感情色彩的形容词，甚至是其比较级与最高级形式，都能起到渲染的作用，因此这些词汇在广告中被非常频繁地使用。在广告中使用褒义形容词，不仅能让顾客从主观上肯定商品，对商品留下深刻的好印象，更重要的是，这种好印象的建立有利于激发顾客的购买欲望，促使其购买行为的发生。在广告中大量使用褒义形容词是一种普遍现象，旨在通过诸如 good, beautiful, true, super 等褒义形容词可以更好地对商品进行粉饰美化，以激发顾客对产品性能的积极期望。一些具有评价性质的形容词的最高级形式也经常出现在英语广告中，这些词汇使用的主要目的就是对商品的好品质予以强调，同时在很大程度上还能提升广告的销售价值。

人称代词在商务英语广告中的使用频率也很高，主要是用来表示行为动作中人与人的关系，因此，使用人称代词可以让广告商与受众之间建立一种紧密的关系。为了进一步拉近产品与受众之间的关系，广告英语常常选用第一人称代词来指代产品生产商，而选用第二人称指代消费者，正是这种关系的确立，能让消费者对广告中宣称的商品给予好感，更重要的是，可以让消费者认可商品的质量，从而有购买的欲望。

2. 英语商业广告的句式特点

广告中会大量运用简单句和省略句。时间太长的广告容易引起人们的疲惫感。因此，用最简洁的语言描述产品，是广告的特点之一。在商务英语广告中，短句、省略句以及各种简单句频繁出现，简洁的句式扩大了商务英语广告的传播范围。广告就是为了让消费者去购买商品，而使用大量的简单句一方面可以节省空间与成本，另一方面还有利于消费者对广告内容的理解，并吸引其注意力。这样的策略既经济又高效，是商务英语广告中常见的有效手段。

在广告语中还有一种"鼓动性"语言，使用这种语言的主要目的就是对产品进行推广与宣传。而祈使句本身就蕴含一种请求与命令的意味，具有让人做事的语用功能，因此从这个层面上来看，在广告中会使用祈使句来激发消费者的购买欲望。商务英语广告也是如此，设计者常在其中运用祈使句以最为简洁的句子来表达最直观的产品理念，让消费者真正了解产品的价值。

疑问句也是商务英语广告中的"常客"，这是因为疑问句本身由于带着疑问可以让消费者产生共鸣，且疑问句的语调与其他句式的语调不同，它是一种上扬的语调，能让消费者对产品产生足够大的好奇心，进而自觉地去接触商品。疑问句在商务英语广告中的使用通常可以取得不错的效果。

平行结构是一种广告英语中常见的句法排布手段，用语法结构来突出语言的意义，在语言表达的客观需要的前提之下对两个或两个以上结构相同或相似、意义有关联、语气相一致的词、词组或句子进行主观的排列组合，从而使其可以构成一个整体。商务英语广告的传播性是广告设计者追求的广告设计目标之一。平行结构就能很好地满足广告的这一要求。因此，在不少商务英语广告中都能看到平行结构。

3. 英语商业广告的修辞特点

（1）比喻

比喻是经常可以在广告中看到的修辞手法，它内涵丰富，主要包括隐喻、明喻和换喻等形式。利用比喻修辞手段对产品进行描述，可使产品变得更加生动、形象，能让消费者更加直观地了解产品的特征，从而帮助其迅速定位自己的需求，能让消费者更容易接受产品。

（2）拟人

在商务英语广告中，拟人修辞手段的使用率非常高。商品毕竟不是活物，为了强化商品与消费者之间的联系，可以利用拟人手段对其进行人格化，让商品获得情感，这样人们在了解商品的过程中就会有一种亲切感。

（3）双关

双关是可以展现句子双重意义的一种修辞手段，然而其实现有一个条件，需要单词同音或者同形。由于双关能够表达双重意义的这一特性，其在商务英语广告中使用频繁。

（4）夸张

夸张是对需要描述的事物进行过分渲染时所使用的一种修辞手段。在商务英语广告中，夸张之所以引用，是因为它能让产品的性能延展开来，让读者在没有见到产品实体之前通过自己的想象力对产品产生好感，从而使其对产品有更多认知，并最终获得不错的宣传效果。商务英语广告是一种兼具时尚性与前进性的特殊的文体，它的主要目的就是要进行商业性的产品宣传，让更多的人了解产品的价值，此外，其还具有幽默、富有美感的特征，这也使其具有了一定的艺术性。对商务英语广告进行研究，具有双重重要意义，一方面，它具有丰富的语用价值，有助于我们理解广告语言背后的策略与技巧；另一方面，它对于产品宣传的现实意义同样不可忽视，能够为广告设计和营销策略提供有力的支持。

（二）商业广告翻译的原则

1. 目的性原则

从目的论的层面来看，一切翻译活动都必须遵循目的法则，因此翻译行为是以翻译目的为导向的。商业广告是一种不折不扣的商业行为，它最终的目的就是要吸引更多的消费者，所以广告设计者在进行广告设计时，其往往以消费者为中心，以保证广告能够满足消费者的需求，并促使其能主动进行消费行为。值得一提的是，这不仅是商业广告的目的，同样也是商业广告翻译的目的，这个目的具有唯一性。因此，所有的商业广告翻译活动在开展之前都要遵循这一目的。译者要充分考虑消费者身处的复杂的环境，保证商业广告翻译的准确性。

2. 合法性原则

商业广告在用于商业宣传时是需要符合相关法律法规的，许多国家也因此建立了完善的商标法，可见，在对商标进行翻译时，译者需要对其进行全面考虑。例如，中国许多品牌的名字都是借鉴地名的，但是英国商标法则明确指出商标中是不能含有地名的，译者在翻译商标时要格外注意这些不同国家的法律问题。

3. 文化适应原则

原文读者与译文读者由于生长的地理、文化环境不同，往往会形成不同的思维习惯与表达特点，因此在对同一则广告的认知上一般会产生不同的感受。广告译者需要了解两国的民族心理、文化风俗习惯等内容，才能使译文为读者所理解。广告是一种重要的宣传手段，从其自身层面上来看，它本身就是一种文化，因此译者在翻译广告时必须熟悉不同国家的文化。

4. 准确原则

商业广告最主要的一个功能就是在对商品进行全面介绍的基础上扩大其传播范围，从而激起消费者的购买欲望，激发其购买行为。所以从这里可以看出，要想实现商业广告的这一功能，译者在翻译商业广告时首先需要做到译文的"准确"。这是因为一旦译者理解错了源语信息导致译入语错误，就会失去广告原本的效果。而且错误的广告信息很可能会对消费者产生误导，更重要的是，还可能给商家的形象和信誉蒙上一层阴影，甚至还需要商家承担巨大的经济损失。所以，译者在进行商业广告翻译时，需要事先调查产品，在全面掌握产品情况的基础上进行翻译。

5. 易记原则

商业广告就是要让更多人了解广告中宣传的产品，提高产品的知名度，因此其需要达到"易记"的效果。在进行商业广告翻译时，译者要保证译文的通俗易懂、生动，这样消费者可以对产品引起共鸣，同时也会在一定程度上激发他们对产品的联想，这样的一则广告必然会使人印象深刻。例如，"Eat fresh"是一条快餐店广告，该广告非常简洁，但又非常生动，直接就指明了快餐店可以让消费者吃到最新鲜食物的主题。

6. 委婉原则

在人类社会发展进程中出现了许多语言现象，委婉语就是其中之一，它的出现有效改善了复杂的社会人际关系，让社会呈现出一派祥和的气象。不仅在日常生活中委婉语使用普遍，而且在商业广告中委婉语的使用也非常频繁。因为有些广告如果讲解产品太直白，很可能会引起消费者的反感，因此，利用委婉语可以有效地降低这种反感的程度。所以在对一些相对"敏感"的广告进行翻译时，译者一定要考虑广告商家的情况,在结合本民族语言表达习惯与丰富习惯特点的基础上,灵活使用委婉语,这样译出的广告不仅能实现受众与产品的良好交流,还能降低产品的敏感度,达到婉转的效果。例如,"Whisper"是一款卫生巾,其"护舒宝"的翻译,会给人一种舒适、安全的感觉,这种翻译既突出了产品优势,又避免了受众的尴尬。

(三)商标的特点

随着全球一体化的不断推进,我国与世界各国之间的联系变得日益密切,中国也有很多优质的产品在世界范围内受到欢迎,在这个过程中,商标发挥了重要的作用。商标可以很好地起到宣传产品或者服务的作用,它能够加深消费者对于产品的印象和好感。

1.商标与其他商业标志的联系

(1)商标与厂商名称的联系

厂商名称(manufacturer name),即商号或企业名称,经登记注册后,也受到工业产权保护。厂商名称是工商企业在营业时用于区别同行业中其他企业的特定名称。厂商名称和商标都是商业标记,受保护的厂商名称和商标都具有独占性。从名称上来看,有的企业的厂商名称和商标可能是一致的,例如,日本索尼公司的索尼(Sony)。然而还有一些企业原本的商标和厂商名称不一样,但随着其产品商标的知名度变得越来越高,这些企业就可能会出于市场考虑,把公司的名称直接改为商标的名称。例如,美国的"波音公司"原本的企业名字为"太平洋航空产品公司",后来由于"波音"商标的流行,企业直接将公司的名称改名为"波音公司"。但是从本质上来看,商标与厂商具有显著的差异,不能将二者混为一谈。从使用对象以及功能的角度进行分析,商标的功能主要就是标记产品或者相应的服务,而厂商名称则主要是用来区分不同的产品生产企业。生产企业有注册厂商名称数量的限制,一般情况下只能注册一个,然而一个企业中不同的产品却可以注册多个不同的商标。从时间上看，厂商名称没有法定的时间限制，只要企业存在，厂商名称始终有效，而商标是有法定保护期限的。

（2）商标与商品名称的联系

商标与商品名称二者既有区别又有联系，商标通常都是贴在或者打印在商品的外包装上或者直接在商品表面。商标与商品的区别在于，商标需要和商品的名称同时使用，这样消费者才能够清晰地知道该商品的名字以及品牌，而商品名称则可以单独使用，人们看到商品名称就会知道商品的种类、原料等基本的信息。此外，商标是一种专用的标志，不能公用，而商品的名称则可以公用（特殊名称除外）。商标和商品名称之间的联系之处在于，当满足一定的要素和条件之后，商标和商品的名称之间是可以实现转化的。通常情况下，一件商品，如果它只有这个商品的通用名称，那么它是无法作为商标到相关部门进行注册的。然而，如果这个商品在使用的过程中形成了其显著的特征，并且易于大众辨识，那么它就可以作为商标到相关的部门进行注册。一般而言，商标的知名度越高，演化为商品名称的可能性就越大。

（3）商标与外观设计的联系

外观设计又被称为工业品外观设计（industrial design）。外观设计的重要载体是运用工业的方法加工和生产出来的工业物品。设计者在设计的过程中考虑的要素包括产品的形状因素和产品的图案因素，使其具有较强的视觉可见性。即消费者在使用某种物品时能够清晰地看到该产品的外观，如产品的形状、颜色以及花纹图案等。无论是商标，还是产品的外观设计，都是工业产权的一部分，但是二者同样存在明显的差异，主要通过两点体现出来。首先，从性质层面上来看二者存在显著的差异。商标一般被贴在商品的包装上，可表达的形式比较固定，而外观设计是产品区别于其他产品的一种形式。其次，商标与外观设计二者的目的是不同的。众所周知，产品商标作为一种简易的标志，其主要作用就是便于消费者寻找产品，而外观设计则是要吸引消费者，使其产生消费动机。

（4）商标与域名的联系

域名是互联网时代的新产物，存在于国际互联网中，是数字地址进行转换的一种形式，通过注册用户就能获取一定的网络地址。商标和域名具有一致性，即有的时候一些商标所有人可能会把它的商标直接以相同的标志注册为域名，有些域名所有人可能会把它的域名直接以相同的标志注册为商标。

2. 商标的意义

众所周知，在市场经济中，商品的生产、流通以及销售等各个环节都离不开商标，由此可见，商标发挥着重要的作用。下面主要从三个方面来具体分析品牌的商标对于品牌的意义。

（1）区分品牌

商标用于区别商品的生产者、经营者、服务者、进货来源及档次。在任何领域中，相同种类的商品往往会有多个不同的生产厂家以及生产商，这时消费者往往通过商品的商标信息来辨别商品的生产者、经营者等信息，以便于消费者精心选购其心目中的名牌产品及有良好信誉的生产经营者的产品。此外，商标往往还能说明产品的档次，如汽车中的"奔驰"和"宝马"代表德国产的高档车，而"丰田"则代表日本产的中档车。

（2）彰显商品质量和服务质量

在日常生活中，购买产品的消费者通常都会把产品的品质和产品的商标联系起来，他们认为那些产品商标与产品的质量是成正比的。因此，商标一般是产品质量的象征和生产企业的商誉。在目前的国际贸易中，有很大比例的交易是凭商标进行买卖的。

（3）有助于商品和服务的广告宣传

一个好的商标设计，往往图形醒目、文字简练，便于消费者识别和记忆。当生产厂家利用其商标来宣传自己的产品时往往能够取得比较理想的宣传效果，因而人们一旦信赖这个品牌以及其商标，就愿意购买其相关的产品，这种宣传的效果远远要比烦琐的文字更加鲜明，它能够使消费者更加信赖品牌，从而使消费者在购买商品之后能持续性地对该品牌形成依赖。

3. 商标的类别划分

（1）商品商标与服务商标

人们可以根据商标的使用对象差异将商标划分为如下两大类，即商品商标和服务商标。其中，商品商标主要贴在商品的包装上面，它的主要功能就是让消费者了解和区分不同的商品，而服务商标则是用于标记服务的项目。

（2）注册商标与未注册商标

人们可以根据商标是否在相关的部门进行注册来划分商标，所谓注册商标就是指该商标已经在相关的部门注册备案，而那些未注册的商标则没有在相关的部门注册备案，它只能供商品权人使用。

（3）普通商标与驰名商标

人们可以根据商标的知名度来划分商标，它一共可以分为两大类，第一类是普通商标，第二类是驰名商标。这二者比较容易划分，那些在较大领域和范围中具有较强影响力和知名度的商标就是驰名商标，反之就是普通商标。从法律的角度进行分析，我国的法律更加重视保护驰名商标的相关利益，不允许其他组织注册和使用已有的驰名商标。

（四）商标翻译的原则

1. 契合

人们在日常生活中能够接触很多商标，其中一些十分成功的商标已经在人们的脑海中根深蒂固，对人们的思维方式和选择偏好产生了重要的影响。有一些驰名商标的产品，其销量十分可观，且质量和品质也是可以得到保障的，因而商标的价值体现在于，人们在选择相同系列的产品时，会优先选择那些商品驰名的产品。既然商标对于产品的质量以及营销都会产生重要的影响，所以译者在翻译商标时一定要仔细揣摩消费者的消费心理以及实际需求，商标在词语的选择上尽量选择那些寓意美好或者令人舒服的字眼，契合消费者的喜好，使消费者在注意到商标之后，愿意进一步了解商标背后的产品，这样才能够达到实际的营销目的。

例如，美国的可口可乐这款饮料的英文名字是"Coca-Cola"，在中国市场的最初译名并不是"可口可乐"，且销售量并不是十分理想，后来相关的人员试图把"Coca-Cola"翻译为"可口可乐"，很快这款饮料的销售业绩就有了明显的提升。这一商标翻译的成功之处在于，它不仅在发音上和英语的名字基本保持一致，而且它的汉语名字也符合中国人的审美心理以及中国人对美好的一种向往。甚至有专业的人士认为，美国的这款可口可乐饮料之所以能够在中国市场深受中国人的喜爱，除了它独特的口味之外，就是因为它的这个译名深受中国人的喜爱，符合中国的文化和语言表达习惯。又如在世界范围内都享誉盛名的领带品牌"goldlion"，如果译者只是根据该品牌的英文名字意译的话，就会翻译成"金狮"，然而在汉语的发音中，"金狮"和"金失"的发音比较相似，容易使消费者产生不好的心理感受。如果把这个英文商标的名字翻译为"金利来"，就十分符合中国人的消费心理，而且这个商标的每个汉字都寓意美好，有吉祥、好运来等意思。我国青岛著名的品牌"海信"的英文译名就是"Hisense"。实际上，它是由两个不同的英文单词组合而成的名字，即"high"和"sense"。这个词语的意思就是较高的灵敏度和较高的清晰度。当消费者看到这个英文商标时，就会自动联想到海信产品的优点。

2. 适应

不同的地区和民族具有不同的风俗习惯、处事原则以及态度等，因而每个人都会在不知不觉之中形成特定的文化感知习惯。这种长时间形成的感知习惯会对人的很多方面产生较大的影响，如人的价值观念、审美标准以及消费选择等。因此译者在具体的商标翻译实践中必须遵循适应的原则，即译者在翻译时要充分考虑目的与消费者的语言表达习惯、文化氛围以及审美理念等，而不能直接把商标的名字直译，直译商标的名字会产生很多难以想象的后果。

例如，在中国，"peacock"即孔雀，是一种深受中国人喜爱的鸟类，它的羽毛十分漂亮，很多人都喜欢购买带有孔雀图案的饰品或者衣服等，然而在法国，法国人却对孔雀有十分不好的印象。在法国人的文化和观念中，孔雀代表着骄傲、炫耀等思想，因而不受人们的欢迎。又如，在中国有一款十分受欢迎的电扇，其商标为"蝙蝠"，在汉语中，由于蝙蝠中的"蝠"和"福"字的发音相同，因而很多人认为蝙蝠是一种十分吉祥、能够给人们带来福气的小动物，然而在西方国家，他们认为蝙蝠这种小动物非常吓人，难以接受以这个名字命名的商标产品。

3. 简洁

商标名称翻译应该力求简洁，简洁的形式能让消费者一眼就记住，也能有利于广告的传播，从而让更多的人认识产品。一般而言，英美国家的不少商标多为两三个音节，所以按照音译法译成中文时比较容易做到节奏连贯自然，如"Kodak"译为"柯达"，"SIEMENS"译为"西门子"等。但是，中文商标由于受汉语发音影响，音节繁多，如果采取音译法翻译，对英美及其他国家消费者而言，这种商标译名含义表达不清且发音困难，无法发挥商标的宣传作用。例如，"正大青春宝片"按照音译法译成"Zheng Da Qing Chun Bao Tablet"，必然会使消费者不知所云。还有些译名，虽然不是简单采用音译，但没有注意文字的简洁，感观也不是很好。如"云山"译为"Cloud and Mountain"，"红梅"译为

"Red Plum Blossom"，这样的翻译很难将产品的特征突出出来，也不具备商标的特征。为此，中国知名的儿童护肤品牌"美加净"则在翻译中重视上述问题，译者将"美加净"的英文名字翻译为"MAXAM"，商标十分简洁，易于受众的记忆；又如译者将河南省知名的"新飞"翻译为"Frestec"，这种商标的翻译不仅简洁、符合品牌的形象，也有利于西方人的理解和记忆。

4. 等效

众所周知，在任何一件商品的生产、营销、流通的过程中，商标都发挥着十分重要的作用，它不仅能够宣传产品，让更多的人了解这个品牌，还能加深受众对品牌的认识，好的商标能够强烈地吸引消费者的注意，激发消费者的购买欲望，而译者在翻译商标的过程中最重要的就是遵循功能对等的原则，即等效的原则。从严复的"信、达、雅"到鲁迅的"宁信而不顺"，再发展到后来傅雷的"神似、形似"。这些不同观点的提出，在一定程度上表明了翻译活动所遵循的对等原则在实际操作中具有相当的难度，更多是一种努力的方向，而不是翻译的现实。

最初译者开展翻译工作的主要目的就是使原文与译文在各个方面都保持对等，即保持信息方面的对等、风格方面的对等以及语言方面的对等。人们衡量译者的翻译水平的主要依据就是读者阅读译文之后的反应和感受。在商标的翻译中，译者也要重视消费者对商标译名的看法和感受，这样才能符合商标的功能对等原则。基于这一层面进行分析，译者在翻译商标的过程中应该遵循奈达的等效原则理论，即译者在翻译商标时具有较大的自由度，要重视商标的语用等效，因而在翻译时可以适当变通。不过刻意追求原文商标与译名商标在各个方面都保持对等，是很难实现的，而且可能会影响商标的翻译效果。

众所周知，在中国，"杜康"是一种十分知名的酒的商标，而且在汉语的表达中，"杜康"也有很美好的寓意，即利用"杜"和"肚"的谐音寓意"好酒下肚（杜），平安健康"，因此杜康酒在中国也十分畅销。而对于西方人而言,他们没有听说过这个品牌的白酒,如果译者直接按照音译的方法把"杜康"翻译为"Dukang"这个商标时,西方人就会感到十分困惑,不明白这些毫无联系的字母组合的含义,因而也很难起到较好的宣传效果。这时译者就可以变通地翻译,选择西方文化中人们普遍接受和喜爱的神话故事形象来翻译杜康,即译者可以用酒神的名字"Bacchus"来翻译"杜康",达到了语用对等的目的和效果,也能间接地消除西方人的疑惑。

(五)商标翻译中的文化差异

1. 商标翻译中的文化原则

(1) 语境原则

在跨文化翻译的过程中,译者应该多考虑文本所处的具体语境,只有对语境进行深入分析,才能明确交际双方的具体任务,从而做好语言的转换工作。但是对于一些译者而言,他们在翻译的时候时常忽略文化语境的重要性,导致翻译深度不足,有时甚至还会引发误译现象。有些译者过于追求句法的完美,却脱离了固定的语境,这种做法显然不利于提高译文的整体质量。在翻译的时候,语境因素是非常重要的,所以在具体的翻译实践中,译者应该重视对语境的翻译。

(2) 意义原则

处于不同文化背景下的人对于同一个事物的认识与理解是不同的,所以在进行跨文化交际的时候必须清楚地表达出自己的意思,并且在表达的时候应该充分考虑语境因素,实现意义的对等转换。

在翻译商标的时候,译者应该注重将原商标的意思展示出来,同时还应该考虑具体的语境因素,尽量实现原商标与翻译商标意义的对等。在跨文化交际的过程中,人们希望通过使用不同的语言,从而达到意义上的"融和",在翻译商标的时候,对译者的要求就会更高一些。

（3）禁忌原则

由于人们所处的文化背景不同，每种文化都有自己独特的禁忌。因此，在翻译商标的时候必须格外注意避免触犯这些文化禁忌。若译者对目标市场所在地的文化禁忌了解不足，可能导致翻译出的商标名称不当，这显然会影响产品的销量，甚至会出现群体抵制这种产品的现象，因此在跨文化交际的过程中，交际双方应该对彼此的禁忌有更清晰的了解，从而使产品获得更好的推广。

2. 文化差异表现及对商标翻译的影响

（1）文化差异的表现

中西方的文化差异表现在很多方面，首先，表现在文化的核心价值以及心理层面。每个民族在漫长的历史发展中形成了悠久的文化和独特的价值观等。例如，在中国，人们十分喜爱"龙"这种吉祥物，认为龙是一种十分高尚和美好的形象，中国还有很多民众喜欢把"龙"字写入自己的名字中，可见中国人对"龙"的喜爱。然而在西方国家，其语言体系中很难找到合适的单词来对应汉语中的"龙"，他们会使用"dragon"来理解汉语中的"龙"，因此西方人认为"龙"是一种十分可怕的形象，这就是不同民族价值观不同的形象体现。其次，中西方的语言习惯存在显著差异，这种差异不仅体现在宏观的地域文化层面，还深入各个民族之间。即使在同一个国家，不同的民族也会使用不同的语言。译者在翻译语言的同时，实际上也在学习和了解不同的文化。有一些在中国十分畅销的国产商品，当它打入国际市场，却难以取得令人满意的销售业绩，主要原因是译者没有充分了解不同语言背后的文化因素，因此译者在翻译时要重视不同民族的语言习惯因素。

（2）思维方式差异对商标翻译的影响

众所周知，中国和西方各个国家之间的文化存在较大的差异，这种差异也深刻体现在双方的思维方式上。具体而言，中国人的思维更加倾向于形象化，更加愿意接受比较形象化的事物；而西方人的思维则更加倾向于抽象化，更加愿意接受比较抽象化的事物。因此，译者在翻译过程中要重视东西方人思维上的差异，从而避免出现文化的冲突和消极的影响。在具体的商标翻译实践中，当译者把英语的商标翻译为中文的商标时，一定要把商标进行感性的处理，从而使中文的商标更加符合中国人的思维方式。

（3）社会价值观差异对商标翻译的影响

中西方文化之间的差异不仅体现在思维方式的层面，还体现在社会价值观层面，因而译者在翻译商标时不能只看商标语的字面意思，还要考虑社会价值观等因素对翻译的影响。例如，中国的上海地区有一款深受学生和教师喜爱的钢笔品牌——白翎钢笔。它之所以深受消费者喜爱是因为这款钢笔不仅质量非常好，而且价格也比较公道。然而当这个钢笔企业把市场推向国际市场时，却遭遇了滑铁卢。究其原因，就是因为它在国外的商标翻译有问题。在国外的市场，译者将"白翎钢笔"直接翻译为"White Feather"。这个单词在西方人的价值观中就是懦弱的意思，因而西方人看到这样商标的钢笔产品自然不会买单。此外，在西方人的价值观中，他们推崇个人主义，因而西方出现了很多以个人的名字来命名的商品；在中国人的价值观中，中国人推崇集体主义，因而这类商品名称在中国会更加受到欢迎，如著名的汽车品牌"大众"等。

（六）商标翻译的语用策略

在识别商品时，往往会用到商标，商标对人们的日常生活会产生深远的影响，如果产品拥有一个良好的商标，那么就会帮助其打开销路，甚至会风行全球，如果商标的名字不好，则会让产品一蹶不振，影响其销量。

1. 突出商标的表意功能

在从事商标的翻译工作时，我们应当深入理解和把握商标的核心表意功能，这是商标存在的基础。商标不仅仅是商品或服务的标识，它还承载着企业的文化和理念，向消费者传递着特定的信息和价值观念。因此，在翻译商标时，必须精心选择恰当的词汇和表达方式，确保商标的新颖性和独特性得以保留，同时还要考虑到其是否能够在目标市场中传达出相同或相似的含义和情感。

此外，翻译商标时还应当注重树立商标的形象，使其能够在消费者心中形成一个鲜明的印象。商标形象的设计需要结合商品或服务的特性，以及目标市场的文化背景和消费者心理，通过翻译来强化这一形象，使之更加符合目标市场的审美和认知习惯。

同时，商标翻译还应充分体现出商品或服务的特色。每一种商品或服务都有其独特的卖点和优势，翻译商标时需要将这些特色准确地传达给消费者，以吸引他们的注意力，并激发他们的购买欲望。通过巧妙的语言运用和信息传递，商标翻译能够帮助商品在竞争激烈的市场中脱颖而出，增强其市场竞争力。

2. 以音译联想意义

音译联想意义的手段，可以有效保留原文的文化风格。我们可以将商标看成展示自己民族文化的一个窗口，通过展示可以促进中西方文化的交流。在翻译商标的时候应该尽量凸显出民族的风格，并且展示出民族的特色，从而加深消费者对商标的了解程度，从而增加购买需求。

英国有一家食品公司，公司的商标为"Anchor"。该单词的本意是船锚，预示着产品稳定的质量。在译成中文的时候，将其译为了"安佳"，这样就拥有了简明的"安全可靠"的联想意义。

还有一种橡胶轮胎的商标是"GOODYEAR"。这是为了纪念硫化橡胶的发明人 Charles Goodyear，于是用了他的姓氏作为商标。但是在翻译的时候，如果将其简单译为"古德伊尔"显然难以引发人们的联想，所以译者在翻译的时候将其译为了"固特异"，不仅保留了原来商标的读音，并且还让人感觉到商品是耐用的。

3. 选取吉利的含义，迎合消费心理

一个好的商标名，能够对消费者的心理产生极大的影响，为了让商标拥有一个更好的译名，在翻译的时候译者就应该仔细斟酌，从而选择出一个最合适的词语。

在西方，"bowling"是非常流行的一种运动器材。译者在翻译的时候将其音译为了"保龄球"，引申出常参与该项运动，能够让人更健康的含义，并且"保龄"还有"益寿"的意思，所以非常符合大众的心理，从而获得了人们的喜欢。

还有自行车品牌 Giant 在国外也非常受人欢迎，其字面意思是"巨人"。将其音译为"捷安特"之后，就能让人对其性能更加放心，从而迎合了消费者的心理。

4. 找准市场定位，追求新的商业观念

在确立市场定位的过程中，我们需积极追求创新的商业理念。商标作为商品定位及目标消费群体的直观体现，其翻译工作应紧密围绕商品的销售对象展开，充分考虑目标受众的立场与喜好，以此确保翻译能更有效地推动商品销售。

以化妆品品牌 Avon（雅芳）和 Arche（雅倩）为例，其中的"雅"字在中国女性市场中深受欢迎，其寓意"优雅""雅致""典雅"等，有效传达了使用该化妆品的女性具备高品位的形象，从而吸引了大量潜在顾客。

同样，Safeguard 在国外市场取得了显著的销售成绩，在中国市场，其译名"舒肤佳"同样大放异彩，成功引发了销售热潮。这一翻译准确地把握了目标受众的偏好，促进了产品的市场推广。

5.注意文化移情，符合审美心理

在翻译商标的时候，译者应该秉承"易读易记"的翻译原则，一般而言，汉译的商标可以采用两个字或者三个字，这种翻译方式还是比较常见的。

从汽车领域来看，不管是"奔驰"还是"保时捷"都会给人一种高贵、美好的感觉；从餐饮领域来看，"肯德基""麦当劳"也都各具特色。很显然，译者在翻译的时候，就应该多注意文化的移情作用，尽力使翻译出的单词能够激发消费者猎奇的心理，从而为产品打开销路。

"Transformer（变形金刚）"这种玩具能够起到开发儿童智力的作用，所以受到了小朋友的喜爱。"transform（变形）"指的是这种玩具能拥有不同的组合方式，并且可以拼成不同的形状。把"transformer"翻译为"变形金刚"，比喻这种玩具拥有如同金刚般强大的武艺，显然就成了儿童心目中最好的玩具，吸引了很多小朋友的目光。

在不同的文化背景下，人们对同一种事物的看法是不同的，正面与负面的评价显然会影响销量。那么，能否跨越文化障碍成功进行翻译，是译者必须着重考虑的问题。所以，从社会学的角度出发，提高民众的社会语用水平是极为重要的。

（七）广告语的翻译方法及案例

众所周知，广告语是一种具有较强艺术性和鼓动性的原因，广告语的功能和作用十分强大，它不仅具有较强的经济效益，还有一定的文化、宣传和审美的功能。因此，译者在翻译广告语时要灵活地采用各种不同的翻译策略。

1.直译法

直译的广告语通常是指那些字面意思直接、翻译成不同语言后仍然能够传达出原本广告意图和信息的广告口号。这类广告语的特点是简洁明了，往往采用直观、易懂的词汇和句式，便于跨越文化和语言的界限，让不同语言背景的消费者都能快速理解和记忆。

在广告创作中,直译的广告语能够以其朴实无华和通俗易懂的特性,触动广泛的受众群体。无论是在电视、广播、网络还是在户外广告牌上,这类广告语都能以最直接的方式,迅速抓住观众的注意力,有效地传播产品或服务的信息,例如,

原文:Poetry in motion, dancing close to me.——Toyota

译文:动态的诗,向我舞近。——丰田

原文:We lead. Others copy.——Ricoh

译文:我们领先,他人仿效。——理光复印机

然而,虽然直译有对原文忠实程度很高的优点,但是这样的译文往往听起来枯燥,缺乏广告语应该有的灵气、流畅性和可读性,很难打动观众。此外,这样的译法还有可能在两国文化有冲突的情况下,导致消费者产生的不良印象以及对产品的排斥。

2. 意译法

采用意译法的广告文往往不追求与原文形式保持一致,而是译者在充分理解原文的基础上结合广告受众的心理以及文化习惯等进行翻译。这种翻译的方法更加灵活,需要译者具备较高的翻译技能,因此意译的作品语言更加优美,更加易于读者的理解,例如,

原文:Ideas for life! ——Panasonic

译文:联想创造生活!——松下

原文:Make yourself heard. ——Ericsson

译文:理解就是沟通。——爱立信

这些译文表面和原文不甚对应,细读之下发现译者并未曾增加或删减原文的内容,故其翻译不失原文精髓。

3. 创译法

依据原因的不同,可对创译进行分类,可以分为强制性创译与选择性创译,一般而言,强制性创译是指目的语中并没有与原文相同或

相似的表达，因此需要通过创造进行翻译。例如，在李善兰和亚历山大·韦廉臣（Alexander Williamson）所著的《植物学》这本书中，有很多词汇是汉语的表达的中没有的词汇，因而李善兰就在这本著作中创译出了很多新的名词，如"植物学"等。随着越来越多的人学习和认可这本著作，就会有越来越多的人熟悉并认可这种固定的词汇搭配。需要强调的是，选择性创译并不是译者要翻译出新的词汇，它只不过是一种特殊的翻译手段。具体而言，当译者在翻译广告时，如果发现原文的广告语言平淡，没有吸引力，这时译者就可以适当地采用选择性创译的方式来翻译原文广告，从而吸引读者的注意力，并赋予广告语新的内涵等。

原文：北京欢迎你。

译文：We are ready.

在翻译"北京欢迎你"这一表述时，尽管"Welcome to Beijing"在表面上看来很恰当，但在此处我们采用了更具创造性的翻译——"We are ready"，这一选择旨在强调中国人民对奥运会的投入远非简单的迎来送往。我们在物质、安全以及环境等多个层面都倾注了巨大成本，以确保所有内外宾客能够安心到来。此外，这一简洁明快的翻译形式，不仅易于口头表达，而且易于记忆。经过实践验证，该广告在奥运期间得到了广泛传播，并取得了良好的反响和效果。

原文：Things go better with Coca-Cola.——Coca-Cola

译文：饮可口可乐，万事如意。——可口可乐

通过上述分析可以发现，有些译文补充了相关信息，有些译文则删除了一些信息，甚至还更改了部分语句，这使得新的译文框架与原文产生了显著差异，成为译者重新创造的产物。这里的创造是从广告英语的特殊性出发的，这样的创造能让翻译彻底摆脱形式上的束缚，从而追求内在精髓的统一。如果从读者的角度来看，这种译文也是成功的，能为读者所接受。

4. 零译法

零译法（zero-translation）与不译法（non-translation）是不一样的。其发展经历了几个不同的阶段，音译形式较为多见。例如，中国汉语中的"菩萨""佛"等词汇都是采用这种翻译的方法。零译法是一种对移植的翻译形式的选择，指在翻译过程中，译者不对外文符号进行处理，而是将其直接应用在译文中。在全球化背景下，移植不仅促进了各国之间的文化交流，还让各国逐渐意识到其文化是可以互相补充发展的。在商品品牌翻译中也存在许多零译现象，比如我们非常熟悉的"LG"。

5. 套译法

所谓套译法就是指译者在充分熟悉和理解原文的基础上采用某种固定的模式来翻译原文，它翻译的前提就是译者要准确表达出原文的意思。简而言之，套译法就是指译者在翻译的过程中采用模板进行翻译。套译法有很多优势，它不仅能够使译文读起来朗朗上口，更重要的是，由于译文符合目的与读者的阅读习惯，这使得读者更乐于阅读译文内容，并记住所阅读的内容。通过套译法翻译出来的译文能强化读者的记忆，所以在广告翻译中的应用比较普遍。

原文：Apple thinks different.——Apple

译文：苹果电脑，不同凡"想"。——苹果电脑

上述例句所表达的核心意义为"苹果公司的思维模式与其他实体存在显著差异"。在译文呈现时，应着重体现"思维模式"的差异性，以凸显苹果公司的独特性和其带来的优势，而非仅强调"想"这个字，从而准确传达原文意图，并确保读者能够深入理解并感知苹果公司的独特性。

（八）商业广告翻译的审美传递

1. 广告美的认知

在历史发展的长河中，世界上给"美"下定义的有不少专家、学者，甚至是普通的老百姓，然而每个人下的定义都存在一定的差异。其中有

关"美"比较经典的定义就是英国的诗人"济慈"的定义，即他认为，美即真，真即美。济慈关于"美"的定义比较朴实，它强调的是真实。然而，还有不少人认为"美"就是健康，他们觉得健康的人才会看起来更加美丽。由此可见，不同的人从不同的角度来定义"美"。那么在广告中，什么是"美"呢？众所周知，所有广告都具有很强的目的性，那就是追求品牌宣传效果与经济利益，所以广告中的"美"与其他形式的美是不一样的，它是一种实用美。那么译者在翻译广告的时候如何实现广告的美的内涵，下面我们通过例子进行说明。

原文：Try our sweet corn, You'll smile from ear to ear.

译文：请尝甜玉米，包您穗穗开怀。

这一例子的广告美精髓主要凝聚于"from ear to ear"这个英语短语上。其具体体现在三个不同的层面：第一，在英语的表达中，"from ear to ear"这个短语是一个固定的搭配，它的意思就是开怀大笑；第二，对于玉米而言，在英语中人们经常使用"ear"作为玉米的量词；第三，在英语的发音中，"ear"和"year"的发音是相同的，即每一年。因而读者在看到这则广告语的时候往往会被它感染，体会到这则广告语的美感。

由此可见，在英语的广告语中，每个词汇的非理性意义有利于读者欣赏到广告语的美感。在译文中，译者把"from ear to ear"翻译为了"穗穗开怀"，这个译文非常符合原文的意思，同时又为译文增添了几分美感和意境。这主要体现在：第一，在汉语中，"穗穗"和"岁岁"这个词组是谐音的关系，很容易让人想到"岁岁开怀"；第二，在汉语中，人们经常使用"岁岁平安"这个固定的搭配，"穗穗开怀"就很容易使人们想到"岁岁平安"。上述广告语的美感不仅体现在"from ear to ear"，还体现在"our sweet corn"这个短语上，在汉语它的意思是甜甜的玉米，也能使人产生很强的美感和食欲。所以这则广告语从各个层面体现了其应有的美感。

总而言之，不管是翻译中文的广告还是翻译英文的广告，译者都要在翻译的过程中追求广告美，从而最大限度地发挥广告的价值。

2. 广告美的定位

对于广告而言，译者追求广告美是实现广告目的的一种十分重要的方式。需要译者先明确广告在现实生活中的具体作用，即信息功能、审美功能、说服功能三个方面。其中，广告的信息功能是实现广告的审美功能和广告的说服功能的重要基础。通过上述例句的分析我们总结出，译者在翻译广告时一定要重视体现广告的信息功能，只有这样，读者才能够了解广告的目的以及意图，否则，广告的其他功能是无法实现的。

众所周知，广告在人们的日常生活中无处不在，它是一种商家向大众宣传商品的途径，因此广告语往往不能带有强制性，而应追求随意、新颖，从而吸引观众和读者的注意，否则，广告就失去了它本身的意义。广告的美主要体现在内容美和形式美两个方面。所谓广告的内容美就是指广告的译文内容不仅要忠实于原文，还要具有一定的韵律美和声韵美等，使受众乐于接受；而广告的形式美则是指广告语除了内容具有美感之外，还需采用一定的结构，如四字结构、对称结构等，从而加深受众印象，并迅速吸引受众的注意力。然而，在现实生活中，很多人对于广告美的理解比较片面，他们认为广告美就是广告的形式美，而忽略了广告的内容美，这导致广告的内容比较空洞，因此一味地追求广告的形式美是不可取的。

原文：Where there is a will, there is a way. Where there is a way, there is Toyota.

译文：车到山前必有路，有路必有丰田车。

这则广告语的译文仿拟了一句中国的习语，因此当中国人看到这则广告时，往往会感觉很熟悉，并能发现广告的韵律美等。该广告的设计旨在迅速捕获目标受众的注意力，并通过营造亲切感，激发用户深入了解该车型的意愿。如果译者在翻译的过程中不追求译文的形式美感，只采用直译的方式将其翻译为"有意志，就有出路；既有出路，就有丰田车",这样的译文会显得生硬且缺韵味,进而导致受众的感知体验下降,同时削弱广告原有的美感与吸引力,从而难以达到预期的宣传效果。因此,译者必须采取必要且恰当的措施,以增强广告译文的美感,确保信息传达的准确性和吸引力。

原文:Good to the last drop.——Maxwell House

译文:滴滴香浓,意犹未尽。——麦斯威尔速溶咖啡

上述译文采用了中国汉语特有的四字结构,这种结构不仅使译文更加押韵且简洁明了,同时传递了一种独特的声韵美感。在全球范围内,这种翻译方式也彰显了译文的对称美,进一步提升了其艺术价值。

对于广告而言,它首先需实现基本的信息功能,确保受众能够了解广告的主要内容;同时,它还需体现出广告的审美功能,使受众能够感受到广告语的美感。在这些基础之上,广告才能够实现其说服功能,即促使受众购买相应的商品。因此,译者在翻译广告语时,务必确保其既通俗易懂,又具有一定的美感。

3. 广告美的传递

由于语言的差异,英语广告与汉语广告所体现出来的美是不一样的。因此,译者在翻译广告时,如何成功地将商务英语广告中的美感传递到译文的广告中是一个重要的问题。下面我们详细分析商务英语广告中美的传递。

(1)传递美的理论前提是内容为先

广告的目的在于宣传商品,从这个方面上来看,广告具有极强的功利性。因此,译者在翻译广告时一定要以内容为先,确保翻译的内容可以吸引观众的注意,同时,还要重视广告的审美,使广告不仅能够准确地传递商品信息,还能带给受众极强的美感,这样才能实现广告的目的。对于广告的翻译而言,译者需要明白,广告传递美的重要前提条件就是广告的信息内容是准确和科学的。在这个理论前提之下,译者在翻译时要充分发挥自身的想象力和创造力,从而更好地传递和实现广告的美感。

（2）掌握翻译广告的可操作性手段

通常情况下，译者在翻译广告的具体实践中，可以采用如下两种策略来传递广告美，即常规的策略和变译的策略。具体而言，常规策略中的直译是译者常用的一种方法，而变译策略则更多地体现在创造性翻译上。通过灵活运用这些策略，译者在翻译时能够强化广告的美感，进而吸引消费者的关注。

四、商务英语翻译教学内容——商务信函翻译

商务信函是指不同厂家之间在交流业务、沟通感情时经常会用到的各种函件。这种商务信函一方面能够发挥商务交流的作用，另一方面也能起到传播商业文化的效果。

如果通过商务信函对交易的内容和条款达成协议后，以此制定的相应合同中的条款就不能再作改变；如果交易双方因为某些问题出现了纠纷，则需要检查双方所有往来的信件，以明确纠纷的原因与责任方。所以，从这个方面上来看，商务信函还是纠纷的证据。商务信函通常采用一事一信的方式，以便管理，避免混淆。

（一）商务信函的具体格式

熟悉商务信函的书写规范，是书写高质量商务信函的首要步骤。通常情况下，商务信函的格式可以大致划分为三种主要类型：齐头式、缩进式以及改良齐头式。齐头式要求信件格式的整齐划一，这种格式有利于打字操作，降低出错概率，在商务环境中，尤其是在美国的企业中得到了广泛的应用。缩进式则要求信件内的地址行依次向右缩进，正文各段落的首词也需向右缩进5个字母，签名部分则依次向右排列，这种格式的优点在于使得信件的各个部分清晰有序、便于阅读，在英国的企业

中较为常见。改良齐头式则是将齐头式和缩进式的优点进行了有机结合，旨在融合两者的优势，以适应不同商务场合的需求。然而，不管采用哪种格式，商务信函中的各个部分都应该通过采用空行的方式来分隔，这样既能保持信件的整洁性，又便于读者在阅读时能够更容易地区分信件的不同部分。

（二）商务信函的构建要素

商务信函的要素主要有以下方面：

1. 信头部分

（1）信头信息

如使用公司印好的信笺纸，公司的名称、地址、电话号码、邮箱、传真等信息都是现成的。若要自己书写，则应该按照约定的顺序，这个顺序为门牌号码、街道、城市，最后是国名。如果要是与自己非常熟悉的人联系，地址就可以省略。

（2）日期

美式日期写法习惯上是"月/日/年"，这样的排列方式强调了月份的重要性，之后紧跟具体的日期，最后才是年份。例如，"2015年11月12日"在美式写法中，就会写为"November 12，2015"。美式写法在美国、加拿大等北美国家非常普遍。

英式日期写法则是按照"日/月/年"的顺序来排列的。在这种格式中，日期被置于最前面，其次是月份，最后是年份。因此，英式日期的写法为"12th November，2015"。英式写法多用于英国、澳大利亚、新西兰等国家。

无论是使用美式还是英式日期写法，都应避免仅使用数字来书写日期，因为这样的表达方式可能会因文化差异而引发误解。使用完整的月份名称和日期数字，可以确保日期的准确性和可读性。

（3）参考文号

文号或编号的作用是将前一封信件与该回复联系起来，确保信件准确地送达相关部门和人员手中。在信头的下方，信内地址的上方，一般都会留有 Ref No. 的空位。

2. 开头部分

（1）收件人及地址

收件人及地址包括的内容非常丰富，有收件人姓名、公司名称、城市名、邮政编码等，不过，这并不意味着必须写上所有内容，书写者可以根据具体的情况自行选择。例如：

"Mr J.Trump"

"Production Manager"

"Vice Power Inc."

（2）经办人

经办人有多种写法，例如，"Ms.Jane Harper" 或 "Attention：The Sales Manager" 等。如果收件人及地址上已写明，就不用加写这一行。此外，"Attention："的对象应与信封上的收信人相同。

（3）称谓

称谓即写信人对收信人的称呼。若不知对方的性别，那就写 "Ladies and Gentlemen" 或 "Dear Sir"。

3. 正文部分

（1）主题行

信函的称谓下面可以加上一行"主题行"，作为信件的标题。这一做法有助于读者立刻了解信件的主题。主题行必须简明扼要，让人一目了然。主题行的写法可以参照以下案例：

"Subject : Information Technologies Conference"

"SUBJECT : Information Technologies Conference"

（2）信件正文

商务英语信函的正文部分，主要涵盖了如下几个方面的内容：首先，对双方此前进行的商务洽谈或交易活动进行回顾和总结，表达对于合作过程的肯定和满意；其次，就商务信函的主要目的和议题进行详细阐述，如对某一具体商务活动的安排、商务合同的签订、货物或服务的交付、商务会议的筹备等；再次，对双方未来合作的展望进行描述，表达对于双方关系持续深化、业务拓展的美好期待；最后，对信函中涉及的重要信息或数据进行明确标注，以便对方准确理解和执行。

4. 结尾部分

（1）结尾敬辞

在撰写商务英语信函时，结尾敬辞的恰当使用是至关重要的，它不仅体现了写信人的专业素养，也表达了对于收信人的尊重。在信函的末尾，我们需要添加敬辞以示礼貌，且这一过程必须严格遵守既定的格式要求。具体来说，在选择敬辞时，应确保其适合所述情境，例如，"Sincerely""Best regards""Yours faithfully"等，这些都是商务信函中常见的敬辞。同时要注意敬辞的第一个字母必须大写，在敬辞的后面必须加上逗号。

（2）亲笔签名

采用亲笔签名一是为了表明信件的执笔者愿意为信件的内容承担责任，二是为了防止他人冒名顶替。

（3）公司或职位

如果以公司的名义签署信件，则应先打上公司的名称，用大写字母，再由公司授权人名，再打上其头衔。例如：

"PAN AMERCIAN ELECTRONIC CORPORATION"

"Robert B Lodge（Signed）"

若公司没有授权该人签署信函，则在名字前加"By"或"Per"，或者在公司名称前加"For"。

（4）鉴别符号

如果打字者与执笔人并不是同一人时，就应该取其姓名的首字母进行缩写。

（5）附件

如果只有一个附件就可以用 Encl. 来表示，如果有多个附件，则可以用"Enclosures（3）"或"Enc（3）"表示。

（6）抄送

若信件要发送给收件人之外的其他人，则将该人姓名或部门写在后面。

（7）附言

补充叙述附加项目时可以使用附言，但更多的时候它是为了提醒对方注意某些事项。附言部分一般放在抄送的后面。没有特别需要补充和提醒注意的项目时，尽量避免使用。

通过分析以上商务信函的基本要素可以明确，在正式的通信流程中，收件人地址、寄件人地址、称呼以及签名等核心元素均为必须包含的部分。而其余内容则应当基于实际情境和具体需求，采取适宜的应对方式。尤为重要的是，为确保信件能准确无误地传递至预期收件人，以及保障回复能够顺利返回至寄件人手中，通常应将收件人和寄件人的地址清晰地标注在信封之上。

（三）商务信函的主要特点

商务英语信函与一般书信之间存在共性，但由于商务英语信函的特殊性，使得这类信函在性质上兼具了公务与法律文书的特点。用词上多使用书面语、专业词汇，缩略词；句式上具有严密准确、礼貌体谅的特征。表现在语言结构上就是使用结构复杂完整的长句、被动句及委婉、礼貌的句式等。

1. 词汇特点

（1）多用专业词汇

商务活动是比较正式的活动，这使得商务英语也非常正式，所以它的专业性非常强，对于词汇的选择要求极高，要求词汇非常精确。因此，商务英语中充斥着大量的专业词汇，且这些词汇在具体的商务语境中还存在不少特殊的用法。由于商务信函的涉外性质，所以要求专业术语必须具备固定的意义，以确保不同文化背景的人士都能准确无误地理解其内涵。

原文：In addition to the liability covered the aforesaid total loss and with average insurance, this company shall also be liable for the total, or partial loss of the insured goods caused by shortage, shortage in weight, leakage, breakage, hook, rainwater, rust, wetting, heating, mould, tainting by odor, contamination, etc.arising from external causes on the course of transit.

译文：本公司除了承担全损险和水渍险的责任之外，还会对被保险货物在运输中由于受客观因素影响而造成的全部或部分损失也负有赔偿责任，这些损失通常包括货物数量缺失、重量缺失、渗漏、破损、钩损、雨淋、生锈、受潮、受热、发霉、串味、玷污等。

在外贸实务中，货物经由海上运输，可能会产生各种海损（average）或其他意外造成的损伤。基于此，买卖双方均会办理运输保险。而上句中提到的"total loss（全损）"是海损的一种，还有一种叫作"partial loss（部分损）"，"with average（水渍险）"又称单独海损险。

英文当中有些普通词汇在商务交流中有了专业词义，例如，"draft"一词在一般英语中的意思为"草稿"，而在商务英语中，其意思就变为"汇票"，"ceiling"一词在一般英语中的意思为"天花板"，而在商务英语中，其意思就变为"最高费用"，这些普通的英语词汇在商务英语中就展现了其专业术语的属性。因此，为了更好地进行商务英语翻译工作，译者在日常学习生活中要注重积累这些专业术语，以提升自身的专业素养和翻译能力。

（2）大量使用缩略词

在商务英语信函的交流中，缩略词的广泛运用屡见不鲜。缩略词的使用能够提高书写效率，使得商务信函的撰写更为快捷和简洁。

原文：In view of the amount of this transaction being very small, we are prepared to accept payment by D/P at sight (at 60 days sight) for the value of the goods shipped.

译文：因为这笔交易的金额并不大，因此，我们可接受使用即期付款交单的方式来支付货款的方式，也可以接受60天的远期付款交单的方式。

D/P在商务英语中是一个专业术语，它是"Documents against Payment"的缩写，表示的意思为"付款交单"，这是国际上普遍认可的一种支付方式。这种方式具体的操作程序为：当所有的票款付清之后，单据交给付款人，这种方式在商务经济活动中经常使用，因为它有效地维护了卖方，降低卖方的风险。

（3）多用书面语

在商务活动的每一个环节中都涉及商务信函的使用，商务信函具有严谨性、严肃性等特征，既融合了法律文体的特性，又兼具公文文体的规范性。因此，在词汇的选择上，一般不使用口语词汇和一些基本词汇，多用书面词汇代替。比如，可以用"dispatch"代替"send"。另外，为了进一步增强句式的严谨性，还经常使用短语来替换简单的介词与连词。

原文：We are pleased to inform you that your order No.228 has been dispatched in accordance with your instruction.

译文：我们非常高兴地通知你方：第228号订单货物已经按照你方的具体指示发出了。

句中使用的"inform"替代了"tell"，"dispatch"替代了"send"，

"in accordance with"替代了"by",用词更加正式。

（4）多采用礼貌语、委婉语

商务活动的核心目的在于实现双方商务合作,并确保交易双方均能实现其利益目标。因此,双方倾向于利用商务信函来加强商务关系。同时,在撰写信函时,双方应特别注重语气的选择,务必保持语气的婉转与温和,以营造和谐的合作氛围,并深化彼此间的情感联系。在日常生活中,礼貌的沟通方式使人心情愉悦,同理,在商务信函中保持足够的礼貌不仅有助于企业形象的塑造与维护,更关键的是良好的企业形象能够显著促进贸易关系的迅速建立与持续发展。

使用委婉语一方面可以较为委婉地拒绝对方不合理的要求,同时也不会使双方关系闹僵;另一方面还能使双方继续保持良好的贸易关系。因此,在商务信函中,双方要注意用词礼貌、委婉,使彼此都能感受到合作的诚意,从而促进商务合作的高效实现。商务信函写作中的礼貌词汇与句式是其最基本的内容,比较常见的词汇与句式主要有："Thank you for …""We regret to …""We are very sorry to …"等,例如：

原文：We would appreciate it if you let us know the ruling prices of the goods.

译文：如果能让我们知道该商品的现行价格,我们将不胜感激。

（5）多用情态动词

表达委婉、礼貌的语气,最常用、经济的实现方法就是使用情态动词,因此在商务英语信函中可以发现大量的情态动词。不同的情态动词可以表示不同的语气,可以表示"意愿、承诺",也可以表示"预测、能力"等。使用"would"可以表示一种礼貌委婉的语气,因此在商务信函中使用"would"可以规避一些不必要的摩擦,也能实现双方的互惠互利。例如：

原文：We would like you to speed up shipment upon receipt of this letter.

译文：我方希望贵公司收到此信后,尽快交货。

2. 句法特点

（1）主体使用陈述句

商务英语信函的双方是在同一种经济活动中存在的贸易伙伴，二者从地位上来说是平等的，当一方想要另一方做出某些改变时，通常会用陈述句来表达。

在商务英语信函中，陈述句的使用非常普遍，一般会呈现两方面的内容：一是单纯地论述一个事实；二是表达写信人自己的看法。陈述句在商务英语信函中的重要性还广泛体现在大量商务文件中，例如，投诉、报盘、招标合同等。以下面的投诉信为例来揭示陈述句的重要性。

Dear Mr. Subbaraman：

We have received the documents and taken delivery of the Order NT-20717 which arrived at Kowloon on the M.V. Toho Maru.

On checking the goods, we found that carton 13 contained only 15,000 Coconut ball pens, although 24,000 had been entered on both the packing list and the invoice.

The full consinment is urgenty required to complete the orders from three of our maior customers, so it is abolutely essential that you ship the addtional 9,000 ball pens on the earliest possible flight from Jakarta.

This is the third time in the last twelve months that you have short-shipped one of our orders. If there is any further repetition of this, we will be forced to look for an alternative supplier.

Yours sincerely,
Ming Lee

尊敬的苏巴拉曼先生：

我们已收到文件，并已收到订单 NT-20717 货物，该货物已由 M. V. Toho Maru 货运抵九龙。

在检查货物时，我们发现 13 号纸箱只有 15000 支椰子圆珠笔，而装箱单和发票上都填写了 24000 支。

为了完成我们三个主要客户的订单，我们迫切需要全部的货物，所以你方必须尽可能早地从雅加达起飞，将额外的 9000 支圆珠笔运出。

这是过去 12 个月里你方第三次少发我方订单，如果再发生这种情况，我们将被迫寻找替代供应商。

此致

敬礼

李明

在这封投诉信里，写信人思路清晰地交代了事情的来龙去脉，并在结尾处警告对方如果再犯类似的错误，就会更换供应商。全篇都用了陈述句，语气平和且坚定地将事实陈述得清清楚楚。

（2）请求内容使用祈使句

在商务信函中祈使句同样扮演着重要角色。祈使句不仅能表示请求，还能传递劝告或命令等意图。恰当地运用祈使句，能提高对方的接受度。在商务信函中，若直接采用陈述句向对方提出要求，可能会给对方留下生硬或直接的印象，从而降低其接受度。为避免这种情况，可以考虑使用包含"please"的祈使句，这样的表达方式不仅更为简洁，还有助于提高对方的接受度。

（3）适当使用复合句

商务信函的主要目的是在最终合同签订之前进行充分的沟通，所以商务信函涉及的内容广泛且详尽，这就要求商务信函必须格式规范、措辞严谨。在这方面，因为复合句和并列句能保证格式的规范以及措辞的严谨，所以其在商务信函中经常被使用。

原文：Though the price we offer this time is 2 percent higher than that of last time, we hope you can see that these are as low as we can offer considering the constantly rising prices of raw materials.

译文：尽管这次我方报价比上次高2%，考虑到原材料的不断上涨，我们希望你方能理解这是我们的最低价。

在语法结构中，复合句与简单句之间存在显著的区别。具体而言，复合句因其结构上的相对复杂性，通常用于表达更为严谨、详细的内容；而简单句则因其结构简洁明了，常被用于传递直观、简洁的信息。

然而，关于商务信函的书写，存在一个常见的误解，即认为使用越复杂的句式，信函的质量就越高。实际上，在商务信函中，简单句的使用更为普遍，因为它们在传达信息时更为直接明了。而复合句与简单句的合理结合，才能使得商务信函的书写更加合理、规范。

（4）常用并列结构

商务信函中也充斥着不少并列结构，一般情况下，这种并列结构需要借助一些连接词汇来衔接，比如"and""or"等词。这种并列结构能让不同词汇之间的词义得到补充，从而使得商务信函的意思表达更加精确，容易为人所理解。

（5）适当使用虚拟语气

虚拟语气可以表达不同的内容，因此被写商务信函的人经常使用。它不仅可以表达假设、愿望，还可以表达请求与建议。

商务英语信函中可以表达虚拟语气的词汇有不少，常用的主要有"wish""could"等等，这些词汇在积极引导虚拟语气的同时，还表达出了一种委婉的请求意味。所以，在商务英语信函中使用虚拟语气是必要的，它有利于促进业务的往来。

原文：Should the foregoing proposal be acceptable to you, please let us know the specifications and quantity of your order.

译文：如贵方接受上述提议，请惠示订货之规格及数量。

（6）巧用疑问句

疑问句通常是以听话人的角度发出的，由于其能够展现出向对方征求意见的口吻，因此会比直接命令或要求显得更加有礼貌、委婉，而且这种疑问句不仅可以将说话人想要表达的意思完整叙述出来，还能给对方留下表达的空间。

在规范的语境中，疑问句中所选用的不同词汇或短语结构甚至会呈现出各异的表达效果。举例来说，"Could you …？"这一表述通常用以表达请求或向对方提出疑问，其语气较为直接且明确。相对而言，"Might you …？"的语气更加缓和，能够使对方更加舒适。

（四）商务信函的翻译标准

商务信函的功能主要体现在两个方面：一个是传递信息，另一个是宣传。基于这两个功能，在制订翻译标准时要做到以下方面：

1. 遵循规范格式

在翻译商务信函时，必须严格遵循信函书写与翻译的规范和标准。这不仅体现在对信函格式的严格遵守上，还包括在语言表达中融入恰当的礼貌用语。翻译者不仅需要具备扎实的英语语言能力，以确保翻译的准确性，还需要深入理解英语国家的文化传统和社会习俗，以便在翻译过程中能够准确传达原文的意图和氛围。翻译不仅是语言文字的转换，更是文化内涵的传递，因此，翻译者必须对西方文化有足够的认识和理解，这样才能在翻译商务信函时，既保持原文的专业性，又使译文符合目标读者的文化预期，达到有效沟通的目的。

2. 符合广告营销标准

通常情况下，为了使产品能够得到潜在客户的认可和接受，商务英语信函中往往融入一定的广告元素，这些广告内容不仅能够对产品或服务进行有效的宣传和推广，而且有助于促进双方建立起稳固而持久的合作关系。因此，作为译者在进行信函翻译的过程中，不仅要确保信函内容的准确性和规范性，还需要深入理解和掌握广告营销的基本原则和技巧，严格遵循广告营销的相关规范和标准。译者应当运用广告营销策略，通过有效的广告传播手段，达到提升产品或服务知名度、吸引潜在客户、促进交易的目的，从而激发交易对方强烈的商务合作欲望和兴趣。

（五）商务信函的翻译原则

语用学包括不少内涵，其中意义是其核心概念，译者应该熟练掌握以下翻译原则：

1. 严谨性原则

商务英语信函必须遵守严谨性原则，这源于商务活动的复杂性。商务信函中所书写的内容直接映射了商务活动的各个环节，与商务活动各方参与者紧密相连。一旦出现错误，就会造成各方争议，严重的甚至可能引发经济纠纷。例如，商务信函中列出的数字与日期要绝对的准确，当表示日期的前一天为合同彻底结束的时间时可以选择使用"before"这个词。

2. 礼貌性原则

商务活动中保持足够的礼貌是基本，这种礼貌不仅要体现在面对面的交流中，还要体现在日常的信件往来中。因此，商务英语信函翻译也应当遵循礼貌原则，双方要始终坚定"和气生财"的思想，在保证礼貌的前提下顺利、愉悦地完成商务活动。

在对上述情况的认知下，商务信函翻译人员一定要将这种礼貌意图完全展现出来，从而使双方可以了解对方在贸易达成上的期望，并最终实现双方在情感上的交流。如果想要成功翻译"You will be able to receive a full refund of deposit if you return the goods within a week"，译者应当遵循礼貌原则，可以翻译成"如果贵方能够在一周之内退货的话，那么就可以获得全部的定金退款"，这种翻译首先从语气上表现出了一种肯定与礼貌，其次这会让对方感觉到自己是受益的一方。

3. 专业性原则

在商务英语信函翻译中，由于涉及的商务环节繁复多样，其中蕴含的专业术语也颇为丰富。这就对译者提出了极高的要求，即译者不仅需全面掌握商务英语信函翻译中常用的专业术语，还需在翻译过程中以恰当的方式予以表述。例如，"beneficiary"一词在法律层面上具有特定含义，即"受益人"，其翻译必须严格遵循这一规范，任何偏离都可能降低译文的专业性和商务信函的文体特征。

（六）商务信函的翻译方法

1. 术语翻译规范

商务活动广泛涉及各种各样的单据，包括但不限于发票、装箱单、商业发票等，这些都是进行国际贸易时不可或缺的文件。除此之外，商务活动还涉及众多协议和合同，如买卖协议、服务合同、特许权协议等，这些文件中包含了大量的专业术语和行业特定的语言。因此，商务活动不可避免地涉及商业与贸易领域的术语。无论是进行谈判、签订合同，还是在日常运营中，商务人士都需要使用到这些术语。例如，在谈判过程中，双方可能需要讨论交付时间、付款条件、产品质量等议题，这些都有其特定的术语。在签订合同时，术语的使用就更为重要，因为它们是界定双方权利和义务的关键。因此，为了确保商务活动的顺利进行，确保各方对术语理解的一致，翻译术语时必须遵循严格的规范。术语翻译规范的目的是确保相同或相似的术语在不同的语言中有统一的翻译，以便减少误解和歧义。这不仅有助于促进国际贸易的发展，也有助于维护商务活动的效率和稳定性。

2. 翻译要贴切再现原文的语气

商务信函是一种公函语体，在词汇和句式的运用上，必须保持高度的严谨性，同时语气亦需更加委婉对于商务信函的翻译工作，我们不仅要确保翻译内容的准确无误、行文流畅，还必须确保译文能够精准地反映出商务信函的固有特点。因此，商务信函的写作过程中，礼貌用语和得体的措辞将频繁出现。礼貌的语言和措辞，能够给对方留下良好的印象，并营造和谐的交流氛围，有利于企业积极形象的构建。在具体的商务信函翻译过程中，对于某些内容，我们可以适当地遵循译入语的语言习惯，以确保译入语读者能够顺畅地阅读商务信函，并恰当地再现原信函中的礼貌语气。然而，这些内容的选择需经过审慎考量，通常涉及表示感谢、歉意的内容，或是已在经贸活动中广泛熟知的行业术语。

（七）商务信函的翻译策略

为了进一步验证基于语用学原理的商务英语信函翻译原则的合理性，译者在翻译过程中，还需要格外重视以下翻译策略：

1. 语义信息的准确与对等

从语用学视角进行商务英语信函翻译活动，首要任务是保证语义信息的准确对等，即将原文的信息准确传递给译文读者，实现双方的准确沟通与交流。一般而言，原文与译入语的信息准确对等包括以下三个部分的内容：

首先，在翻译过程中遇到专业术语时，译者不能随意处理，而是要遵循一定的翻译原则进行翻译，倘若译者无法独立确保翻译的准确性，可以查阅一些专业数据，例如，在与航运业务有关的商务信函中"shipping advice"是一个专业性极强的术语，为"装船通知"，若译者对该术语了解不足，译为"装运建议"，这将严重影响业务方对信函内容的准确理解。

其次，对于商务英语信函中关键信息细节，翻译时必须做到绝对的准确，比如日期、货品数量等。任何微小的错误都可能导致严重后果，甚至会出现经济纠纷，最终不得不通过法律途径来解决。

最后，在选择词汇时一定要注意歧义问题。商务英语信函中的词汇往往具有特定的专业含义，与日常生活用语中的意思存在显著差异。例如，在"We hereby make a claim with you for the shortage of 1,000 kg in the shipment of chemical fertilizer."这一表述，其中"shipment"一词具有多重含义，为"装运"或"所装载的货物"。为确保信息的精确传达，译者需基于具体语境审慎抉择。在此语境下，已知涉及货品为化肥，翻译时应选择"shipment"的第二种含义，即"所装载的货物"。

2. 语言差异的注意与规避

由于英汉两种语言形成的背景和文化环境不同，因此二者呈现出显著的差异。在具体的翻译过程中，译者应该以语用学的基本原理为指导，对英汉英语的特点进行转换，以实现更优质的翻译。英汉两种语言在表达语序上存在差异，英语的叙述特点为先总结再叙述，而汉语则是先叙述再总结。英语句子在表述时也呈现出了不同的特点，英语的句子一般都是句首相对比较封闭，而句尾则比较开放，这明显与汉语句子表达不一样，这是由于中西方思维方式的不同导致的。

在语法方面，英汉两种语言也存在诸多差异，英语多使用被动语态，而汉语句子多为无主语句。英汉语言差异众多，译者需要在全面掌握英汉语言差异的基础上，从语用学的角度出发，对商务英语信函进行翻译。

3. 文化差异的认知与调整

我们接触语言时，能直观了解到其表情达意的功能，除此之外，由于语言是在一定文化土壤中孕育的，所以我们了解语言还需要熟知其背后的文化背景知识。

从事商务英语信函翻译的相关人员，实际上是在参与一项文化活动，他们是中西方文化交流的媒介，因此其必须对英汉两种语言与文化有足够的了解，才能进行更好的翻译。

英汉两种语言在表述人名时差异明显，英语人名先名后姓，而汉语人名则是先姓后名，因此，译者在翻译商务英语信函时，必须注意到这一差异，确保人名翻译的顺序准确无误。同样，地名翻译也需要特别留意。由于地名与贸易各方所处的位置有关，译者在进行翻译时，必须格外慎重，尤其在处理大地名与小地名连用的特殊情况时，需确保英汉两种语言的语序要正确无误。

此外，公司名的翻译在商务英语信函翻译中同样重要，公司的类别不同，其在翻译时选用的词汇也就不同。例如，代理公司用的是"agency"，服务型公司用的是"service"，而具体的公司名称中还可能包括一些共性词汇，如"joint""integrated"等。

随着全球一体化进程的不断推进，国际贸易日益繁荣，在此过程中，商务英语信函发挥了重要作用。这些信函内容丰富，不仅包括大量的商务词汇、专业术语，还包括了各种固定表达等，正是这些内容将浓厚的商业氛围凸显了出来。因此，为了进一步丰富商务英语翻译的理论知识，推动国际贸易的发展，我们可以从语用学的视角出发，对商务英语信函翻译进行深入探究。

（八）商务信函翻译的美学运用

1. 文化差异融合

中西文化存在着显著差异，在进行商务英语信函翻译时必须格外重视这种文化差异，以确保翻译的准确性。另外，如果需要在信函中添加广告，还需要注意中西方广告文化的不同。西方广告文化比较开放，译者应注意结合中国文化对广告进行恰当的翻译，以提高中国受众的接受度。

信函表达的内容不同，其翻译的方式也会不同。例如，如果合作双方的合作意愿比较强烈，译者就需要选取合适的词汇与语句将这种意愿表达出来，同时，还需要考虑对方的文化习俗，这样翻译出来的译文才会符合对方的审美情趣，更重要的是，还能增强对对方的说服力，促使其产生强烈的合作意向。

2. 突出重点

人们一般在阅读信函时倾向于快速浏览并直接关注核心内容，书写信函时需充分考虑此点。应尽量避免使用复杂的句式，力求使表达简洁明了。对于重要信息，建议直接在标题或正文开头明确阐述，以便读者能迅速把握要点。信函中可能包含直接诉求，表达时需审慎措辞，以避免给对方带来不适。此外，书写关键内容时，可运用创新的表达方式，这样既体现语言特色，又有助于读者迅速理解商务英语信函的内容。特别是当处理汉字书写的信函时，我们注意到在中文表达中常采用较长的句式。因此，在翻译这类信函时，译者可对原文冗长句子进行拆分，形成多个简短的句子，以便更好地传达原文意思，并突出信函的重点，以便于读者阅读。若难以直接以本族语表达原文含义，可酌情添加内容以补充和完善信函的意思。

3. 运用模糊语

信函不仅能将合作的意愿表达出来，还承担着交流的作用。因此，对于与原文本中商务合作无关的增进感情的内容，译者可以进行模糊化处理，但是需要满足两个条件：一个是要以正确的翻译理论为指导；另一个则是要征得原作者的同意。例如，在表达"较多"的含义时，译者无须将具体的数字描述出来，因为过多的数字细节可能会使文本显得杂乱，反而增加了读者阅读的障碍。所以这种情况下可以在文本中使用"much""many"等模糊语来代替。

第三章

商务英语教学的方法审视

第一节　商务英语教学——体验学习法

一、体验学习理论概述

David A. Kolb（大卫·科尔布）教授的《体验性学习：学习和发展的源泉》一书，系统地整合了 John Dewey（约翰·杜威），Kurt Lewin（库尔特·勒温）与 Jean Piaget（让·皮亚杰）的学习理论，并吸收了心理学、教育学、生理学和哲学等领域的最新研究成果，创造性地提出了"体验循环圈"。这一理论认为，学习是一个连续的循环过程，由四个阶段组成：具体体验、反思观察、抽象概括和主动实践。学习者需要在这四个阶段之间不断循环往复，才能达到有效地学习和发展。"体验学习圈"如图 3-1 所示。

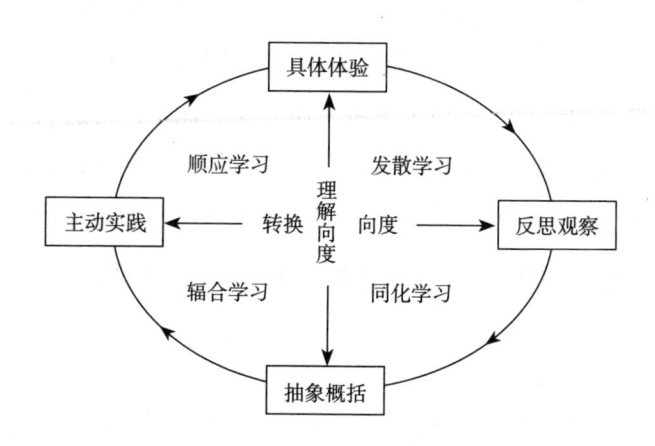

图3-1　Kolb的体验学习圈和学习方式

在具体体验阶段，学习者利用感官直接参与学习情境，产生第一手感受，而不是依靠系统的分析方法，这需要学习者保持开放和适应变化的心态。在反思观察阶段，学习者通过观察和倾听，结合自己的思考和感受，形成自己的观点和理解。接下来的抽象概括阶段，学习者运用理论知识和逻辑分析，而不是单纯依赖感受，对学习情境进行理解和概括。最后在主动实践阶段，学习者将所学知识应用于新的情境进行检验，根据结果决定是否进入新一轮的学习循环。

而这种循环结构可以从两个不同的维度进行分析：纵向和横向。纵向维度涉及从具体体验到抽象概括的过渡，而横向维度则从反思观察转向主动实践。Kolb将这两个维度的心理结构分别命名为"理解"和"转换"。

在体验学习圈中，四个阶段与两个维度相参照，形成了四个象限，每个象限都代表了一种独特的学习风格。根据Kolb在2005年的研究，这些学习风格及其对应的学习者类型如下[①]：顺应学习者——偏好亲身体验而非纯理论知识，通过实际操作和体验来更有效地学习；发散学习者——倾向于从多方面收集信息，并且乐于从不同视角探索问题；同化学习者——这类学习者善于整合各种信息，并对其进行抽象化处理，他们在理性分析和构建理论模型方面表现出色；辐合学习者——善于解决具体问题，在制定决策以及将理论应用于实践方面具有优势。

体验学习理论着重凸显了学习主体的核心地位，特别强调了学习过程中的实践操作与深度反思，实现了理论与实践的紧密结合，为教学实践领域注入了新的理念与策略。在商务英语教学的具体情境中，将此理论应用于其中，从而设计出更为高效、针对性的教学活动。

---

① KOLB A Y, KOLB D A. Learning styles and learning spaces: enhancing experiential learning in higher education [J]. Academy of Management Learning and Education, 2005 (4): 193-212.

二、"体验式"商务英语教学分析

商务英语是一种专门用于商务环境的英语应用,它的核心在于让学生在模拟或实际的商务场景中运用英语来完成任务,它与一般英语教学的主要区别在于其实践性和应用性。体验学习理念中的"实践中学习"与商务英语的教学需求高度契合。

(一)商务英语体验学习教学活动设计

教学活动是教师在特定教学环境中,通过合适的教学内容和方法向学生传授知识,以实现既定教学目标的过程。尽管体验学习理论在全球教育领域内产生了广泛的影响,并且已被纳入多种教学实践中,然而,在我国商务英语教育的实践中,基于体验学习理论的教学活动尚未得到广泛采纳。据前期调研分析,众多商务英语教师仍在尝试并验证各类教学活动的实际效能,但在此过程中,他们普遍缺乏坚实的理论支撑,对于教学模式的选择缺乏明确的依据,往往只是机械地遵循教学指南。基于此,笔者提出一套基于体验学习理论的商务英语教学活动设计框架,旨在为教师提供一个能够适应不同学习风格的实用框架。该框架以体验学习圈的四个学习阶段为基础,每个阶段都对应特定的认知模式,体现了"外语学习过程是一种体验和经历"[1]和"在'体验'中学习商务英语,在'学习'中体验商务英语"[2]的理念。

表3-1反映了笔者提出的框架。其中,"行"代表体验学习圈的四个

---

[1] 余渭深.体验教学模式与《大学体验英语》的编写思想及特点[J].中国外语,2005(4):43-49.
[2] 莫再树.《体验商务英语》中所蕴涵的教材建设理论与原则[J].中国外语,2006(5):45-52.

阶段及相应的认知模式,"列"代表我们设计的教学活动。打对勾代表某一教学活动所对应的体验学习阶段和认知模式。

表3-1 商务英语体验学习教学活动设计框架

商务英语教学活动	具体体验	反思观察	抽象概括	主动实践
讲授		√	√	
听力和阅读	√	√		
词汇和语法		√	√	
讨论		√	√	√
模拟	√			√
案例分析		√	√	√
商务实践项目	√	√	√	√

1. 讲授（理论知识）

教师在课程开始时,会集中介绍与单元相关的商务理论知识,为学生提供必要的背景信息,帮助他们更好地理解随后的阅读材料和案例分析。这种方法的优势在于能够高效地向大量学生传递大量信息,同时强调了重要概念和专业术语的学习。

2. 听力和阅读

通过听力和阅读材料的输入,学生能够接触和反思商务环境中的真实语言使用,这对于发散型学习者尤其有益。这些活动不仅可以帮助学生积累商务词汇和语法知识,而且为其参与角色扮演和案例学习等实践活动打下了基础。

3. 词汇和语法

掌握专业词汇是商务英语学习的基础,而语法学习则与语言技能训练和商务话题紧密结合,以提高学习的针对性和趣味性。学生通过观察语言结构和语义,抽象出使用规则,并通过练习来验证这些假设。

4. 讨论

讨论是课堂教学中的重要环节，无论是在课文引入还是课后回顾阶段，都能促进学生内化新知识和提高语言运用能力。学生在讨论中通过阅读、联想、思考、归纳和交流，深入体验和感知新内容。

5. 模拟

模拟或角色扮演活动通过模拟真实的商务场景，例如，产品展示、会议、谈判等，让学生在扮演不同角色的过程中提高交际能力，为将来在真实商务环境中使用外语做好准备。

6. 案例分析

案例教学法通过使用实际或仿真的案例，让学生深入分析商务情境，提高他们分析问题和解决问题的能力。这种方法鼓励自主、合作和探究的学习模式，并且能够将商务内容、沟通技巧与英语语言学习有机结合。

7. 商务实践项目

在课程结束时，学生通常需要完成一项商务实践项目，这不仅是他们期末成绩的一部分，也是对其所学知识和技能的综合应用。这些项目鼓励学生进行实地调研，探索创新解决方案，并在小组合作中运用交际和协作能力。商务实践项目涵盖了体验学习的全过程，满足了不同学习者的需求和偏好，并且在完成后给学生带来满足感和成就感。

（二）有效实施商务英语教学活动的策略

为了使我们提出的教学活动设计框架更具有可行性，文章将提出有效实施商务英语教学活动的策略。表 3-2 列出了笔者提出的商务英语体验学习教学活动及其对应的教学目标和实施策略。

表3-2 商务英语体验学习教学活动的教学目标和实施策略

商务英语教学活动	教学目标	实施策略
讲授	让学生了解本单元涉及的商务理论知识，并掌握重要概念和专业术语	（1）商务理论讲解应简明扼要，通过举例加深理解。 （2）PPT中的关键概念与术语建议用中文标注，便于学生理解，节约解释时间
听力和阅读	训练学生听力技巧与阅读技巧，扩大商务词汇量，体验真实的商务情境	（1）听力、阅读材料应该真实，来源于社会上流通的、人们日常接触到的各种语言材料，例如，电台录音、电视录像、新闻报道、报刊文章、专业书籍等。 （2）控制输入材料的难度和长度，使用比学生现有的语言知识略深一点的语言材料（i+1），或者提供可理解的语言材料（comprehensible input），训练学生的"输出性"能力
词汇和语法	让学生巩固核心商务词汇，掌握核心语法知识，提高语言的准确性	（1）词汇和语法学习需通过生动、灵活的练习，让学生掌握其在实际语境中的应用，而非教师单方面灌输。 （2）语法学习部分篇幅不宜过长，内容要精炼，例句要生动，以吸引学生的兴趣，避免枯燥
讨论	促进学生知识内化和表达技能的发展，提高使用商务语言的流利度	（1）讨论可能出现在授课的热身准备、话题导入或总结回顾阶段，应确保讨论围绕单元的核心话题。 （2）鼓励学生以小组为单位讨论，促进学生思想交流
模拟	提高学生在常见商务场景中的交际能力	（1）模拟常见的会议、谈判、打电话等真实的商务场景，让学生进行角色扮演，体验不同的商务流程，从自己和同学的行为中学习。 （2）及时对学生的表现进行评价和反馈，使学生了解自己优点和不足
案例分析	提高学生商务英语交际能力，运用理论知识分析问题、解决问题的能力及团队协作能力	（1）选择的案例应难度适中、与时俱进，帮助学生对案例的分析更加透彻。 （2）布置学生课前预习案例，并检查学生的预习情况。 （3）课堂上组织小组案例讨论，要求代表总结发言。讨论后，教师对学生的讨论发言成果进行多元评估，并布置案例分析写作任务，帮助学生课后巩固
商务实践项目	提高学生商务知识与实践技能相结合的素质，培养学生的创新思维和应用能力	（1）综合对话交流、阅读写作，以及个人展示等多种活动。 （2）要求学生深入企业开展实地调研，有利于理论联系实际

商务英语作为一门高度实践性的课程，单纯依靠知识传授来培养学生的交际能力和商务技能是不够的。因此，教育机构和教师应鼓励学生积极参与课外实践，通过课堂内外的互补和相互促进，提高学生的知识应用能力。课外实践活动可以包括参观企业、观摩商业谈判和建立实训基地等，让学生在真实的商务环境中体验商务英语的使用，从而将课堂知识应用于实践，增强其适应能力。

《国标》的发布为商务英语教学带来了新的挑战，只有不断创新教学方法，才能满足新时代对商务英语人才的需求。基于体验学习的商务英语教学活动设计，为不同的教学目标提供了多样化的教学活动选择，教师可以根据教学策略选择合适的活动，以激发学生的积极性和提高课堂教学效果。

教师需要创设相应学习情境，组织学生使用角色扮演等方式，对商务英语教学内容进行理解、运用与掌握。这种教学方式能够有效调动学生的主动性与积极性，使学生在真实的商务英语交际情景中进行体验，从而深化学生对特定模块知识的认知与掌握。如在模块化教学中，教师可以模拟真实的人才招聘场景、商务交际场景、商务翻译场景等，从而促使学生在角色扮演过程中掌握与社会岗位需求紧密相关的知识与能力，进而实现学生专业能力、职业素养与社会岗位需求的对接。

第二节 商务英语教学——合作学习教学法

美国教育家 Ellis（埃利斯）认为："合作学习如果不是当代最大的教育改革的话，那么它至少也是最大之一。"[①] 合作学习是一种在教学过程中通过促进师生和学生间的互动与合作来实现教学目标的现代教学方法。它不仅迎合了社会的发展需求，也代表了当代教育改革的趋势。随着商务英语教学的不断革新，越来越多的教师开始采用合作学习这一教学策略。

一、合作学习教学理论概述

合作学习作为一种富有创新性和实效性的教学模式，它主要通过将学生划分为若干个小组，以小组为单位进行学习活动。在此过程中，该模式鼓励小组成员彼此之间进行积极的交流与协作，以期共同实现既定的学习目标。此外，该教学模式还强调，评价和奖励应基于小组的整体表现来进行，而非个人表现。

这种教学模式起源于 20 世纪 70 年代的美国，当时的代表人物是 Johnson（约翰逊）兄弟。他们对合作学习进行了深入的研究和广泛的实践，并提出了"共学式"合作学习策略，也称为"约翰逊法"。这一策略特别强调了五个关键要素：积极的相互依赖、面对面的积极互动、个人责任、社交和小组技能，以及小组自我评价的有机结合。

在"约翰逊法"的合作学习策略中，教师的角色和职责包括但不限

---

① ELLIS A K. Research on Educational Innovations [M]. New York: Routledge, 2005.

于以下几点：第一，教师需要明确教学的目标，使学生对学习任务和目标有清晰的认识；第二，在课前，教师需要组织学生进行分组，为后续的小组合作学习打下基础；第三，教师需要清晰地向学生介绍学习任务和目标，确保每个学生都理解自己的任务和责任；第四，在小组合作学习的过程中，教师需要监督学生的进展，并在必要时对其提供帮助和支持；第五，教师需要评估学生的学习表现，并引导他们反思合作学习的过程，以期提高他们的学习效果。

二、合作学习在商务英语教学中的应用

（一）教学作用

商务英语是一门融合了语言学和应用语言学理论于一体，并且与多个学科领域相互交叉的综合性学科。相较于英语语言文学专业，商务英语更加注重对学生实际工作能力和实践技能的培养。在此背景下，改变传统的以教师为主导的教学模式，转而推动学生创新思维和实践技能的发展显得格外重要。合作学习作为一种效率极高的教学方法，特别适用于小班制教学环境，它能够有效激发学生的学习兴趣，提升他们在实际语言环境中的运用能力。这种教学策略强调学生通过相互之间的互动和沟通来进行学习，从而在学生中培养合作精神和团队协作的能力。

（二）应用策略

根据 Johnson 等人的研究，合作学习的五个基本要素是成功实施合作学习的关键。他们进一步细化了合作学习的实施步骤，提出了以下六个具体的教学策略，如图 3-2 所示。

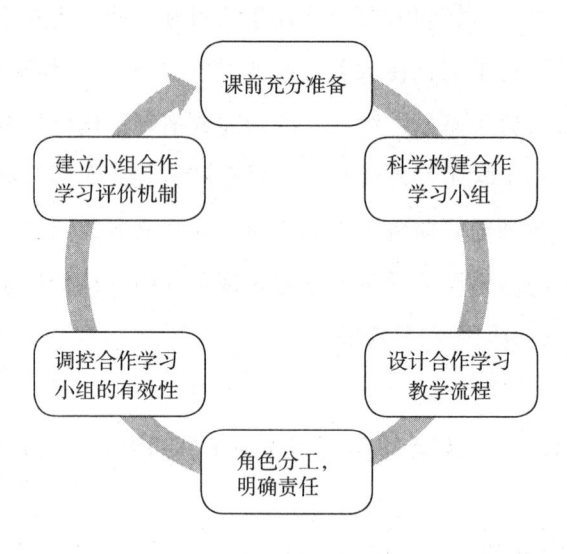

图3-2 合作学习教学策略

（图中文字：课前充分准备；科学构建合作学习小组；设计合作学习教学流程；角色分工，明确责任；调控合作学习小组的有效性；建立小组合作学习评价机制）

1. 课前充分准备

教师应接受合作学习的培训，并根据学生的实际情况，设计具有个人特色的合作学习方法。同时，教师需要对学生进行合作学习知识和技能的培训，确保他们为合作学习做好准备。

2. 科学构建合作学习小组

在构建合作学习小组时，首先要确定小组的规模。研究建议小组人数应控制在2~6人，以4人为最佳。在分组时，教师应深入了解每位学生的学习成绩、认知风格、学习风格和性格，并根据"组内异质、组间同质"的原则进行分组。

假设在课堂上，我们将32名学生分成8个小组，每组4人。在分组前，使用"镶嵌图形测试"来评估学生的认知风格，使用"所罗门学习风格量表"来评估学生的学习风格，以及使用"DISC性格测试表"来评估学生的性格。最终在分组时，将各类风格的学生均匀分布在各个小组，同时参考学生成绩，确保每个组包括1名成绩优秀的学生、2名成绩中等的学生和1名成绩较差的学生。分组的总体原则是促进组内成员的互补和合作，同时确保组间的竞争公平性。

3.设计合作学习教学流程

在商务英语教学中，合作学习作为一种教学策略，要求教师根据教学目标和学生的实际情况来设计教学过程和方法，选择合适的学习材料以增强学生的互动性，并建立明确的评价标准。

合作学习通常在集体授课后的应用实践中进行。在集体授课阶段，教师会详细讲解课程的专业知识。之后，学生通过小组合作在限定时间内完成小组课堂作业。前三名完成的小组将有机会展示他们的成果，并可能获得额外的平时成绩加分，这种竞争机制有助于提高学生的积极性。

4.角色分工，明确责任

在小组合作中，每个成员都应有明确的角色和责任分工，比如，小组长、记录员、汇报员等，角色分配应考虑学生的个性和能力。一般情况下，每个4人小组包括1名组长负责组织活动，1名记录员记录意见，1名文书负责书写，以及1名汇报员负责展示和交流。

5.调控合作学习小组的有效性

教师需要密切关注小组合作的进展，提供必要的指导和帮助，同时避免过度干预，以免学生完全依赖老师去解决问题。教师会在学生合作学习时巡视，要求每个学生都参与讨论，并解答学生疑问，确保任务按时完成。完成后，教师会展示并评析前三名小组的成果，并进行总结评价。

6.建立小组合作学习评价机制

合作学习的评价机制不仅关注学习结果，也重视学习过程。它通过小组评价代替个人评价，促进了组内合作和组间竞争。教师应引导学生进行自我评价和互评，并及时对优秀小组进行表扬和奖励。教师可以根据小组的参与度、合作效果以及任务完成质量进行评分，并给予表现突出的个人和小组奖励。

合作学习在课程中的应用表明，这种方法能有效提升教学效果，适用于小班教学环境。它鼓励学生之间的互动和交流，有助于拓宽学生的知识视野和激发其思维能力。然而，实施合作学习时需注意合理分组和选择合适的学习内容，以确保合作学习的效果。

第三节 商务英语教学——案例教学法

一、案例教学法概述

案例教学法，也称为个案教学法，是一种极具实践性的教学模式。它依托于现实生活中的实例，将学生带入商务和管理的情境之中，使他们能够通过研究事件的全貌及其发展过程，从而提高分析和解决问题的能力。这种方法旨在让学生在实践中掌握理论知识，培养他们在面对复杂问题时能够独立思考和寻找解决方案的能力。

这种教学方式的历史渊源可以追溯到古希腊和罗马时期。当时的哲学家苏格拉底和柏拉图，他们的教育思想和教学方法，如"启发式问答法"，均强调了实例教学的重要性。他们认为，通过具体的案例分析，可以激发学生的思考，提高他们解决问题的能力，这为案例教学法的形成奠定了基础。

到了20世纪20年代，案例教学法在哈佛商学院得到了广泛的应用。当时的院长Doham（郑汉姆）大力推广这种教学方法，使其成为哈佛教学体系中不可或缺的一部分。这种教学法在培养学生分析商务环境和解决实际问题的能力方面，取得了显著的效果。因此，它逐渐被应用到更多的学科领域中。

进入20世纪80年代，中国教育界开始关注并尝试引入案例教学法。商务英语，作为一门与管理学、市场营销、国际商务等多个学科紧密相连的课程，也开始积极采用案例教学法。这种教学方法不仅有助于学生更好地理解和掌握商务知识，还能提高他们的实践能力，为将来的职业生涯打下坚实的基础。

二、案例教学法的应用流程

以建构主义学习理论为指导，案例教学法在商务英语教学中的应用具体过程包括：精选案例与创设情境、案例自主学习、小组讨论与合作学习，以及案例学习多元评估。其应用流程如图3-3所示。

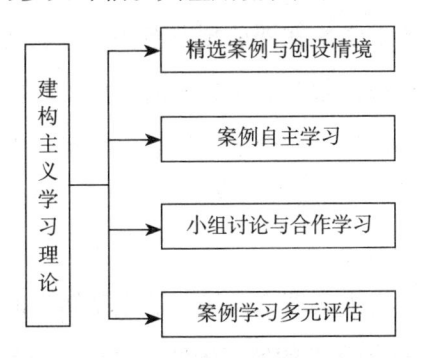

图3-3 商务英语案例教学法应用流程图

1. 精选案例与创设情境

精心挑选案例，构建教学情境。在案例教学的准备阶段，应当遵循以下原则：第一，案例内容必须基于真实情况，反映真实的商务环境或挑战；第二，案例应当能够为学生提供多种分析和解决问题的途径，避免提供标准化的单一答案，以激发学生的创造性思维；第三，案例应当与学生的学习水平和需求相匹配，案例应当引人入胜，但不应过于复杂，以免学生感到困惑；第四，案例资源应采用多种形式，如文本、视频、音频和图片，并且与当前社会热点相结合，保持内容的时效性。例如，在学习"企业社会责任"单元时，让学生观看比亚迪公司建立希望小学的英语视频，之后引导学生思考企业如何通过承担社会责任来树立良好的形象;第五,结合读写活动,案例应当能够衍生出相关的写作任务,如信函、报告或建议书,以写作促进阅读,提升学生英语表达的精确度。因此,精心挑选和编写案例是进行有效案例分析的前提,好的案例能够激发学生的兴趣和参与热情。

2. 案例自主学习

在课堂案例分析之前,教师应根据课程目标和内容,指导学生预习案例。学生需要根据教师的指导认真阅读案例,并查找相关资料,为课堂讨论做准备。现代学生具备较高的网络搜索技能和自主学习的愿望,教师应利用网络资源来满足学生的学习需求。为了促进课堂讨论的质量与深度,教师应当要求学生在课前预习案例,形成初步见解,这将有助于他们在课堂上更积极地参与讨论。同时,为了确保预习效果,教师需要采取一定的措施,例如,检查学生的预习情况,确保学生按时完成学习任务。

3. 小组讨论与合作学习

合作学习基于建构主义理论,强调学生是知识的积极构建者,而非被动接受者。Johnson等学者的研究表明,合作学习能够促进学生的推理和创新思维能力[①]。教师需要引导学生进行小组划分,从而为学生开展合作探究奠定良好基础。在小组划分过程中,教师在遵循学生自愿原则的基础上,还需要遵循异质分组原则,即小组成员在学习成绩、英语能力方面需要体现出层次性,这种分组方面有利于小组成员在合作探究中形成互补,从而强化小组所具有的整体研究能力与学习能力。另外,在小组当中,教师需要要求学生进行明确的分工,一般而言,小组内部需要包括组长1名、记录员1名、文书1名、汇报员1名,而小组规模应掌握在4~6人为宜。

教师应鼓励学生积极参与讨论,用英语表达观点,并在听取他人意

---

① JOHNSON D W, JOHNSON R T.Making cooperative learning work [J]. Theory Into Practice, 1999(38): 67-73.

见时保持开放态度。小组讨论后，可由小组代表向全班做总结发言。教师在讨论中应保持中立，避免直接表达自己的观点，以培养学生自我思考的习惯。若学生意见发生分歧，应引导他们进行深入讨论；若学生分析有误，教师可通过提问引导学生自我发现并纠正。讨论结束后，教师应及时总结，点评讨论的要点和不足，同时对学生的语言表达进行评价，指出常见的语言错误，以提升学生的口语表达能力。

4. 案例学习多元评估

案例学习的评估是教学过程中的关键环节。教师应要求学生认真参与案例讨论，并完成相关的商务写作任务，如撰写信函、报告或建议书等。评估主要基于三个维度：学生的参与度、发言质量以及写作任务的完成情况。这些评估将构成学生平时成绩的重要部分，因此每个学生都应予以重视。

三、案例教学法的具体应用

本书以商务英语专业大二学生的《综合商务英语》课程为例，探讨案例教学法的应用。该课程使用的教材是高等教育出版社出版的《体验商务英语综合教程4》，每个单元都包含与主题相关的案例学习部分，有利于案例教学的开展。这些案例基于真实的商业情境，使学生能够运用所学的知识和技能，与同伴协作解决问题，增强了学习的实践性和互动性。

在"国际营销"单元中，Physique男士香水的案例被用来引导学生进行课前预习。案例分为两部分：品牌背景和国际营销战略。学生需要在课前阅读案例，思考案例中提出的问题，并利用网络资源收集相关信息。通过小组QQ群等方式，学生可以提前交流想法，为课堂讨论做好准备。

课堂上，学生以小组为单位，对Physique男士香水的案例进行深入分析和讨论。由于事先做了准备工作，学生们能够积极参与讨论，并结合自己搜集的资料提出见解。每个小组需记录讨论结果，并由1名成员负责总结发言。这一过程不仅激发了学生的创造力，还锻炼了他们的团队合作能力。

案例讨论结束后，教师对学生的讨论进行点评，并引导学生进一步思考。例如，可以要求学生撰写一封针对Physique公司董事的国际营销建议书，这既是对案例讨论的深化，也是一次对学生商务写作能力的实践。

案例教学法的优势在于其能够将传统的教学模式转变为更加自主的学习方式，旨在鼓励学生参与合作和探究。它不仅符合语言学习的特点，还能有效地将商务知识、沟通技巧与英语学习相结合，能够满足商务英语的教学需求[①]。在商务英语教学中，课堂教学环节的质量直接影响教学效果，因此教师需要精心设计和把控每个教学环节，确保教学内容的连贯性和有效性。通过案例分析，学生能够在实际应用中提升语言能力，形成解决问题的具体方案，从而全面提高商务英语的实践应用能力。

第四节　商务英语教学的策略分析

一、商务英语教学的特点

（一）商务英语教学的课程设置

根据全国商务英语研究会审定的《高等学校商务英语专业本科教学要求》（试行）的指导意见，高等学校商务英语专业的知识和能力构成涵盖四个知识模块的主要内容，包括语言知识与技能模块、商务知识模块、

[①] 蒋秀娟.案例教学法与商务英语课堂[J].国际商务研究，2006（6）：57-60.

跨文化交际能力模块和人文素养模块。其中，语言知识与技能模块主要分为语音、词汇和语法知识，听、说、读、写、译技能和语言交际技能等；商务知识模块主要包括经济学、管理学、法学、商务技能等；跨文化交际能力模块主要包括跨文化思维能力、跨文化适应能力和跨文化沟通能力等；人文素养模块主要包括政治思想素养、创新思维和中外文化素养等。

（二）商务英语教学的师资培养

英语语言类课程、商务英语类课程及商务专业类课程是商务英语教学课程的三大分支。并由此形成了三大类的授课教师：第一类是纯英语语言教师，这类教师大多数都是主修英语语言文学，不涉及商务内容；第二类是讲授商务英语课程的教师，这类教师基于其专业背景可分为三种，即无任何商务背景的英语语言教师，主修英语专业并在毕业后进修经济学或相关学科的教师，以及本科英语研究生主修经济类专业的教师；第三类是讲授商务专业课程的教师，这一类教师大都是具有商科背景的外语教师。相比于前两类教师，第三类教师与商务的联系更为密切。

就目前高校的商务英语教学而言，师资队伍短缺导致商务英语的师资力量极为薄弱，这在一定程度上不仅影响了该专业的学科建设和发展，同时也对商务英语专业的人才培养产生了深远的影响。这是目前商务英语专业在建设和发展过程中所面临的一个突出问题。基于此，高校可从以下三个方面入手，以有效解决商务英语专业师资队伍短缺的问题。首先，高校可通过人才引进的方式扩充商务英语专业的师资队伍；其次，商学院还可通过组织专门的培训以提升原有英语教师的专业能力；最后，高校还可与国外院校合作，并选择有潜力的英语教师去合作院校进修，完成后通过考核便可胜任相关课程的教学。

商务英语是英语语言学与国际商务相结合而形成的一个边缘性语言

学科，具有交叉性、应用型、复合型等特点。商务英语专业主要培养具有扎实的英语语言基础、宽厚的人文素养、系统的国际商务知识、较强的跨文化交际能力的应用型、复合型商务英语人才。这是一种外语与国际商务密切结合的人才培养模式。商务英语的专业属性仍是英语语言学，而非经济学、管理学等学科。商务英语专业的具体培养模式、课程体系、教学内容、教学手段、评价模式等必须强调商务英语的"英语本色"，商务英语教师也主要归属于英语语言学，这是该专业教育最为根本的原则性问题：如果片面强调经济学、管理学等其他学科的知识体系而忽视英语教学的自身特点和规律，商务英语专业就会失去应有的特色和活力，甚至蜕变为其他商科专业。

（三）商务英语教学的特色分析

商务英语教学模式与普通英语教学模式和 ESP 教学模式既有联系又有区别。首先，这三者的联系主要体现在商务英语是基于普通英语教学理论和 ESP 教学理论发展而来的；其次，这三者的区别在于商务英语教学模式具有独特性，作为一种以学习为中心或以学生为中心的教学法，商务英语的教学模式不论是培养目标、课程设置，还是教材建设等都与普通英语教学模式和 ESP 教学模式存在差异，这是商务英语教学模式的特色所在。

1. 商务英语培养目标的特殊性

不同于 ESP 限制在特定学科领域中的培养目标，商务英语的培养目标具有一定的特殊性，其不仅要培养学生的语言知识和策略能力，还要培养学生的商务专业知识和跨文化交际的能力。由此可以看出，商务英语的培养目标具有双重性和实用性的特征。复合型人才的培养已成为商务英语的重点目标，这不仅是全球一体化背景下经济社会发展的需要，还是时代发展的必然要求。首先，商务英语培养目标的双重性主要体现在，商务英语教学既要发展学生的听、说、读、写、译等综合运用英语语言的能力，又要培养学生学习和了解商务专业知识的能力；其次，商务英语培养目标的实用性主要指相比于ESP，商务英语的培养目标更广泛，其要求学生在接触和掌握商务英语词汇的基础上了解与商务活动有关的一些基本工作内容。

2. 商务英语课程设置的独特性

在课程设置方面，商务英语已经发展得比较系统化，例如，高校三年制的商务英语专业教学总学分一般为100，其中课程开设在第一学年以"语言基础"课程为主，兼顾专业基础技能的训练，使学生掌握"必须、够用"的语言基础知识技能和一定的专业技能。从第二学年起根据专业岗位的需要开设专业核心课程，使学生能够精通一条专业主线，如外贸、函电与单证、进出口业务等相关知识。在第二学年的第二学期让学生选修一些与专业相关的课程，用于拓展专业范围，加强专业特色教育，为学生更好地适应工作岗位奠定坚实的基础。在第三学年的第一学期设置国际商务知识课程，包括商务翻译、商务谈判技巧、商务英语阅读、口译技巧等专业课程，同时注重理论与实践相结合，使学生真正做到学而会用，用而熟练。在商务英语本科专业的课程设置方面，总学分一般为150，总体上语言类课程占70%左右，商科类课程占30%左右，大学一年级以普通英语课程为主，着重语言基础知识的培养；大学二年级以普通英语课程为主，商务类基础知识课程为辅，注重英语在一般商务环境中的应用；大学三年级以商务专业类课程为主；大学四年级第一学期语言类课程除了高英写作和口译两门课程之外，其他都是专业类选修课，而大学四年级第二学期基本不设必修课课程学习，让学生实习，并同时进行论文写作，要求用英语撰写有关商务方面的论文，锻炼他们商务专业知识和英语综合技能的运用和实践能力。

3. 商务英语教材建设的独特性

商务英语培养目标的独特性也要求商务英语教材建设能够体现学生参与性强、师生互动性高的教学内容和生动活泼的体验式教学环节。例如，教材和教学内容需要设计更多的商业案例分析或商务谈判假设环境，让学生能够参与其中、相互交流、自由表达思想、完成特定商业模拟和角色扮演任务等，使学生沉浸在某种商务情景之中充分调动自主学习能力，以提高学生的商务英语语言交际能力和相关商务知识技能。在教材建设方面，商务英语与 ESP 也存在一些明显的差异性，如根据剑桥大学出版 2009 年度英语语言教学出版书目，商务英语教材主要包括不同级别的系列教材：如 Business Start-up（创业启动）、Business Goals（商业目标）、Business Benchmark（商业标杆）、Working in English（从事英语工作）、English for Business Communication（商务英语沟通）、New International Business English（新国际商务英语）和 English for Business Studies（商务英语研究）；ESP 教材主要包括如下系列教材：ESP-Finance（财经英语）、ESP-Law（法律英语）、ESP-medicine（医学英语）、ESP-ICT（Information Communication Technology）（信息通讯技术英语）、ESP-Engineering（工程英语）、ESP-Marketing（市场销售英语）、ESP-Media（传媒英语）和 ESP-Tourism（旅游英语）等。而在中国，类似 ESP 的专业化教材也有，但不够全面或系统。在商务英语教材建设方面，多分为基础英语教材和商科教材，其中商科教材多使用国外原版的 MBA 教材，例如，经济学原理、管理学原理、市场营销、人力资源管理等，并辅以一些国内案例或自编著作等。而基础英语教材，如综合英语、听力等，则多为自编商务英语教材，或是选用已出版的普通英语教材，抑或采用 BEC 系列教材。在国内，也在出版相关系列教材，例如，高等教育出版社出版或将出版的商务英语综合教程系列教材和体验商务英语系列教材等。

二、基于校企合作的商务英语教学策略

高校作为人才培养的主要场所，其担负着为社会培育高素质人才的重要使命。随着我国经济社会的不断发展，社会各行业对人才的需求与日俱增，这为高校的发展带来了巨大的压力。如何改进教育模式以提高人才培养的质量是目前高校亟待解决的问题。对于商务院校来说也是如此，近年来，在教育部的大力支持和社会需求的推动下，商务英语专业面临着巨大的人才培养压力。为了应对这一挑战，商务院校急需通过改进商务英语专业的教学模式，提高人才培养的质量，以缓解我国对商务英语人才需求的压力。而校企合作成为许多院校转变教学模式的首要选择。

（一）校企合作应用于商务英语教学中的特点

传统的教学模式具有一定的被动性，在一定程度上限制了学生主体性的发挥。而且，这种教学模式下的教学内容和教学进度完全受制于学生的受教育水平，无法充分挖掘较高水平学生的潜力，也无法激发较低水平学生的学习动力。因此，对于商务英语教学来说，传统的教学模式已经落后，必须通过校企合作的方式提高院校的人才培养质量，同时校企合作模式也有利于院校紧跟市场的需要和时代发展的步伐。校企合作即通过学校和企业的相互配合以实现协同育人，在提升高校人才培养质量的同时为企业和社会输送更多高素质、高质量的人才。就目前商务英语院校的毕业生来说，其就业困难主要有两方面的原因：一是自身的适应能力不足，无法快速地完成由学生向员工角色的转变；二是如今各种专业的毕业生基本有一定的英语基础，占据商务英语专业毕业生的就业市场份额，加大了商务英语专业学生的求职压力。因此，院校应充分发

挥校企合作在促进大学生就业方面的作用，通过融合企业资源和学校资源优化商务英语教材，完善商务英语的课程设计。同时，院校在选择合作企业时还要考虑专业对口的问题，尽可能地选择对口性强且管理较为规范的企业，并在合作的过程中不断优化和改进自身的教学方式。

（二）校企合作背景下的商务英语教学策略分析

1.选择多元化教学方式

教师在教学活动中，要对学生的主体地位给予充分的尊重，使他们从被动接受知识转变为主动学习，充分激发学生学习的主动性和积极性，让他们在日常商务英语的学习中更加热情和主动。教师在开展课堂教学活动时，要对教学的重点和难点进行明确，也可以组织开展多样化的教学活动，从而使教学氛围更轻松和活跃，如可以采用小组分工、教学情境创建、讲解案例和教学视频观看等方式。如果教师的教学方式比较乏味和单调，那么很难将学生的学习兴趣充分调动出来，只有教学模式灵活多变，才能提高教学效果。

教师对教学视频进行精心设计和制作时，必须与教学大纲紧密结合，明确教学视频的主题和主要内容，对视频的准确性和目标讲座的准确性、视频与教学内容之间的匹配程度进行深入思考。教师要根据不同学生的学习水平，将他们进行分组和分工，对学生团结合作、沟通和协作的能力进行培养，不断提高他们的技能水平。教师还要培养学生自主学习的良好习惯，增强他们独立思考的能力。现在各个领域和各个行业的发展变化速度非常快，学生只有不断提高自主学习能力，才能与社会快节奏的变化发展和生活保持一致。无论教师通过哪种教学模式开展教育活动，他们的共同目标都是帮助学生内化知识，为了推动这个共同目标的实现，每当学生完成自主学习任务之后，教师都要及时给予指导和帮助，让学生学会思考和总结。为了提高学习效率和教学效率，教师可以把互相提问的环节加入课堂教学活动中，在课堂活动快结束时将与师生之间交流和讨论的意见进行整合和总结。如此一来，师生之间能更了解彼此，其沟通和交流将更加深入，从而推动了教学活动的有序开展。

2. 优化教材并改进课程体系

为了对更多的职场资源数据进行获取，建立起职场资源数据库，学校可以与企业进行合作。因在具体的外贸实践中，经常会运用到商务英语，所以选择商务英语教材内容时要与现实社会中真实的商务环境相结合，编写教材的人可以把商务英语的实践案例整合到教材中，并且根据实际商务环境的发展更新案例。商务英语课程的设计要与目标企业、教师和学生的真实需求紧密结合。只有合理选择教材的内容，才能为学生提供一个真实的职场环境，积极引导他们对实际案例进行分析，使他们充分发挥语言运用能力和英语思维能力。教师还可以通过一题多篇的方式对任务进行设计，让所有学生针对同一个主题进行讨论和交流。教师还应要求学生在商务表达的过程中，从不同的语言、风格和文本格式着手，从而提高学生的商务语言技巧和能力。

3. 建立商务英语实训平台

在新时代的背景下，教育体制改革的核心和重点是如何让理论与实践相结合，这也是实现创新发展的重要内容，践行培训计划的重点在于实习，学校可以加强与企业之间的合作，组织优秀的学生到企业开展实习活动，为学生提供更多的实践机会。通过就业实习活动，教师可以充分利用企业的资源，实现课堂教学活动和实践教学及企业实习的统一，使学生的实践经验、商务英语技能、工作经验得到显著提高。同时，学校还要重视和推进商务英语网络平台的建设。为了不断提升学生的商务英语能力，学校要转变学生实践和训练的方式，从以往的知识型实践训练向能力型实践训练转变。

学校还要重视商务英语所包含的各种学科的信息化建设工作，大力推动商务英语网络平台和数字化学习空间的构建，大力整合和协同区域空间和虚拟空间，从而让学生积累更多的实践经验。企业互动、课堂教学和虚拟培训是商务英语平台结构的主要功能和模块。基于该平台，学校教师可以提高教学管理的质量和效率，将教学资源整合到一起，以推动一系列的教学活动的开展。同时，网络平台的建设也有利于学生对企业的需求形成充分的了解，让学生与企业员工之间保持密切的交流和沟通，从而帮助学生更好地规划自己的职业。

4. 创建商务英语师资队伍

教师要以身作则，发挥出榜样的作用，优秀的教师更有利于学生的成长，因此重视和培养师资力量是学校提高教学质量的有效途径。基于校企合作模式，建设师资团队的重中之重在于不断提高商务英语教师的专业能力和素养，教师专业技能提升的主要渠道是积极参加各种外贸活动和企业培训。高校要将更多的培训平台和培训机会提供给商务英语教师，让他们的专业素养和技能得到显著提升，对他们的商务知识结构进行优化，从而建立一支高水平的商务英语教师队伍。

基于校企合作的模式，高校还可以邀请或聘请一些知名的行业专家或教育团队，进一步指导商务英语专业的学生，也能够让校企之间的合作更加密切，充分发挥企业的资源对高水平专业教育指导咨询队伍进行打造。总体来说，高校应将企业的资源和优势充分发挥出来，邀请更多的企业骨干进一步指导学生，同时在校内成立一支拥有较高专业素养的优秀教师队伍。

三、基于跨文化交际的商务英语教学策略

基于跨文化交际[①]的商务英语教学在国际贸易中发挥了重要的作用。跨文化交际的商务英语教学应更加注重对国际文化的导入、对现代化教

---

① "跨文化交际"的英语名称是"cross-cultural communication"或"inter-cultural communication"。它是指本族语者与非本族语者之间的交际，也是指任何在语言和文化背景方面有差异的人们之间的交际。

学方法的应用、对商务英语贸易交流的实践环节等,以提高学生的跨文化交际能力。

(一)跨文化交际的理论认知

在国际贸易日益频繁的今天,跨文化交际能力是贸易交流中非常重要的技能之一。在交流过程中,语言交流障碍是人们交往中经常遇到的问题。不同国家对同样的词语拥有不同的理解和感情色彩。此外,由于人们的文化背景不同,在思考问题方面也存在一定差异,所以会采取不同的方式对信息进行接收和传递。因此,跨文化交际能力是开展国际贸易的关键。

文化、语言和交际三者之间存在着紧密的联系,彼此之间相辅相成、相互连接、相互补充。学校开展商务英语教学活动的主要目的是让学生能够灵活运用商务谈判的技巧和英语知识顺畅地进行交流和沟通。但是,沟通双方交际的方式和语言表达方式又受到文化的影响,所以,商务英语专业的学生还要学习相关的课程,才能在商务贸易的过程中,运用与对方的语言文化和风俗习惯相符合的交流方式或表达方式以实现和谐、有序、顺畅的交流,防止交易受到文化风俗差异的影响而走向失败。在实际交流和商务贸易中,最重要的是有效的交流,交流双方都要将相同的含义给予交流内容,才能对对方的话语形成准确的理解,并且将最合适的回应给予对方,这才是最有效的沟通和交流。

(二)以培养跨文化交际能力为导向的商务英语教学策略

使学生在商务环境中拥有更强的跨文化交际能力是开展商务英语专业教学活动的最终目的。就当前我国商务英语专业的教学发展情况来看,改革商务英语的教学模式是必然趋势,以有效消除跨文化交际存在的问题和障碍。学校可以从跨文化行为能力、跨文化情感能力、英语综合应用能力、跨文化交际认知能力等方面入手，对学生的跨文化交际能力进行培养和提高，从而进一步改革和完善商务英语专业教学模式，使我国的商务英语朝着更加良好的方向发展。

1. 提升学生英语综合应用能力

培养学生应用英语的能力是开展商务英语课程教学活动的首要内容，学生只有对英语综合应用能力进行熟练掌握和灵活运用，才能推动商务贸易的开展。就开设商务英语的相关课程来说，学校要将学生当前的英语知识结构和水平、社会对商务英语专业人才的需求，以及商务英语专业学生的就业前景相结合，明确教学目标，严格执行和落实国家规定的英语教学提纲，对学生的大学生的英语综合应用能力进行培养和提高，不断更新学校的教学策略和教学方法以及教学手段，严格地筛选和把关开设的相关课程，推动教学水平和教学质量不断提升。

2. 培养学生的跨文化交际能力

商务英语专业的学生不仅要掌握好英语综合应用能力，还要具备一定的跨文化交际能力。一般来说，跨文化交际能力由情感因素和行为因素以及认知因素共同构成。其中，情感因素主要是指沟通双方在交流时所保持的态度和情绪。行为因素是指在沟通过程中，人们所具备的和展现出来的跨文化交流能力。行为因素的考察点包括，如何切入话题开展交流，如何转移到交流的重点话题，如何能让对方对自己产生好感，如何准确传递出自己的意图和想法等。认知因素是指人们在交流过程中是否能及时认识到各自在语言文化、风俗习惯等方面的差异，是否具备充足的能力和意识根据对方的语言文化调整自己的语言，这方面的能力由交际认知能力和文化认知能力构成。

提高交际认知能力，要全面了解对方的交流习惯和交际方式，主要是要熟悉对方和别人交流时喜欢使用的交际策略、交际规则和语言习惯等多方面的内容。因为人们在价值观方面存在较大的差异，所以使用的交际规则也存在许多不同，了解和熟悉对方的交际策略和交际习惯就像掌握了破解密码的关键线索，有利于准确获取到对方的真实目的和意图，以推动学生交际能力的不断提升。

文化认知能力是指交流者对于对方的文化背景和民族文化的了解和接受程度，是否能正确理解双方在文化语言和风俗话语方面存在的差异。学生可以从对方的风俗习惯、思维方式、价值观念和性格特征等方面着手，及时对自己的交流方式和交际策略进行调整，从对方的思维习惯出发思考问题，学会预估对方的行为和交际话语，提前想好应对的话语。

3.培养学生跨文化情感能力

在交往过程中，人们内心形成的情感感受会影响和作用于人们的心理，从而使人们对事情进行处理的方式和态度也受到影响。自我心理调节能力和移情能力共同构成实际交流过程中的文化情感能力。

（1）自我调节能力

在与他人交往和交流的过程中，必然会出现与对方意见相左的情况，进而对彼此的情绪和心理产生不利影响，此时，学生要及时调整和调节自己的心态，学会调节心理压力，通过适当的方式释放负面情绪，从而增强自身的心理承受能力。同时，学生应尊重和包容其他人的风俗习惯和语言文化，用自信和从容的态度对待一切不确定的因素。

（2）移情能力

移情能力是要求学生能够及时转移自己的感情，比如，在和他人进行交流时学会换位思考，让自己做出更加得体的行为，以及学会克服民族中心主义。每个人都有属于自己的民族和文化，在交流过程中会不自觉倾向于自己的民族和文化，甚至会使用本民族文化对其他民族的文化进行抨击和批评，片面认识其他民族的文化和人。所以，对学生的跨文化交际能力进行培养和提升时，要让学生学会全面了解和系统认识其他民族文化，让自己的移情能力不断得到提升。

四、基于应用型商务英语教学策略

近年来,随着国家对国际商务人才的需求增加,商务英语的发展得到了显著推动,其优势和特征也日益凸显。尤其是商科类的高等院校,更需致力于提升交叉学科商务英语的教学质量。商务英语作为一门重要的交叉学科,其学科基础根植于应用语言学和语言学,同时广泛吸纳其他实践方法和学科理论。鉴于其独特的跨学科性,商务英语专业尤为适合在商科类高等院校中开设。为了培养出更多社会所需的商务英语专业人才,必须实现经济贸易专业和商务英语的深度融合,将交叉学科的优势和资源充分发挥出来。

(一)应用型商务英语专业的人才培养模式

1. 借鉴和学习国外优秀经验

20世纪60年代以来,国外教育理论领域形成了多种学术流派,其中,以美国教育学家福斯特为主的反主流学派和以英国经济学家巴洛夫为主的主流学派是当时最具代表性的两大流派。在商务英语专业人才培养方面,法国、美国和瑞士等国家采用了不同的培养模式。特别是德国,其以双元制的办学体制作为培养模式,对实践教学活动和实践课程给予了高度重视,致力于培养基础复合型人才,这些人才都成为德国发展先进制造业的中坚力量。就我国大国工匠人才战略的实施来说,更适合借鉴德国的人才培养模式。

2. 结合市场需求,激发学生潜力

现在正处于商务英语发展的重要机遇时期,高校在建设学科专业的过程中应凸显商务英语的重要性和价值。同时,商务英语的办学必须与市场需求相结合,全面了解企业对商务英语专业人才的需求,针对性地对相关课程进行设置、确定相关目标，将院校的办校潜力充分挖掘出来，将教师的教学积极性充分调动起来，深入研究应用型人才需求的相关理论，对课程设置进行不断改良和优化，对学生的专业技能和创新能力进行不断培养和提升。

（二）"课岗证赛创"的人才培养模式下的教学策略

针对高校的人才培养模式，教育部提出了相关要求——高校要对专业口径不断拓展，对能力和素养以及知识结构进行调整，与新世纪新时代发展保持一致的人才培养模式进行加强建设。在新时代背景下，社会发展面临着许多机遇和挑战，"课岗证赛创"的新型培养模式深度融合了课岗、课证、课赛和课创四大方面的内容。不论是商务英语专业还是经济贸易专业都需对此进行深入思考和研究，从以证代考、以岗定课、以创促业、以赛促学等角度出发，对复合型商务人才加强培养。

1. 结合企业需求促进"课岗"融合

人才培养的核心和关键在于"课"与"岗"，这里的"课"是指专业课程；"岗"是对企业的需求进行重点强调，将工学结合的特征充分彰显出来。商务英语教学要与各种工作岗位对员工的要求相结合，有机融合教、学、做等方面，将实践性的特征体现出来。

高校要对往届毕业生的就业情况和外贸企业对人才的需求进行调研，对一些基础性岗位如跨境电商运营专员加大关注，与目标岗位对工作人员提出的知识技能需求和主要工作职责相结合，对与之相匹配的专业课程进行明确和设置，对专业课程体系不断进行优化，推动多种模块和课程内容的构建，特别是对外商贸业务模块、跨文化能力模块和英语语言应用模块等方面的内容，从而在实践岗位和专业课程之间保持紧密的联结。

2. 依据岗位特点助推"课证"融合

岗位提出的职业要求便是"证"，也是评判和衡量课程教学的重要标准，利用以考促学的方式，使学生对职业岗位的认识程度、接受程度和认同程度不断增强。学校要与商务英语专业的三大目标岗位群紧密结合，对各个岗位关于人才能力的需求进行深入分析，与相应的等级证书相对应设置相关的专业课程，学校要加大与权威评定机构之间的合作与沟通，在课程设置中加入等级证书的考试内容，将考证的相关内容作为重要的教学内容之一，从而提高人才成长的效率和效果。

3.基于人才素质提升"课赛"融合

实践技能竞赛便是这里所说的"赛"，通过一系列的竞赛和比赛，能够对学生的实践技能进行锻炼、巩固和增强，利用以赛促学的方式，能让学生在比赛中锻炼自己的能力、磨炼自己的意志、积累丰富的经验。例如，在全省或全国举办的跨境电商技能大赛中，学校可以选派优秀的学生进行参与，让学生对综合认知结构进行构建，从而系统和全面地了解对外商贸，使学生的综合运用能力和素养得到进一步提升。

使相应的技能竞赛与专业课程形成统一便是"课赛"融合机制，要求学校或教师在开展课程教学活动时，把与技能竞赛相关的知识和能力作为重要内容加入其中，学校要以竞赛的考查范围作为重要依据，综合设计课程内容，有效衔接竞赛比赛和课程内容，让学生成长的速度不断加快。学校也可以允许学生利用竞赛获得的成绩对相应的素质拓展学分进行"兑换"，或者可以申请对相关课程进行免修，将学生参与竞赛的主动性、积极性激发出来，也可以让教师通过多个维度和多个层面开展教学评价活动。

4.着力学生未来发展"课创"融合

所谓"创"是指培养学生的创业能力和创新思维，这是对学生的综合素养进行培养和提高的重中之重。但是目前学校的商务英语专业普遍存在创新创业教育教学内容和就业关联不大的问题，所以学校应该将创新创业教育贯穿学生在校学习的所有阶段。一是对通识性课程加强学习，通过"送出去"和"请进来"的方式加强校企之间的合作，并且还要邀请更多创业校友、企业高管积极进行教学活动，让学生对专业的认同感和接受度不断提升；二是让学生积极参与顶岗实习，使众创孵化机构和毕业校友为学生提供更专业和科学的指导，并对有自主创业想法的学生进行积极引导，让他们在实践中转化自己的知识成果；三是与当下的流行风口"互联网+"电商平台相结合，立足于专业课程，积极鼓励学生开展创新创业实践活动，教师可以对学生的就业提供一定的指导和帮助。如学校可以与跨境直播带货等新型电商相结合，大力建设创业孵化项目；四是参观企业，让学生直观感受到企业对人才的具体需求、今后的工作环境和工作岗位。

商务英语教学改革作为一项重要的工程，具有系统性，必须对其他学校改革商务英语的成果进行吸收、借鉴和学习，以经济贸易专业的属性和特征作为出发点，与企业的人才需求相结合，对课程设置不断优化和创新，让课程案例更加丰富、真实，让教学场景不断延伸和拓展，对多样化的教学手段进行综合使用，让教师真正沉下心开展教学活动，让学生愿意静下心积极主动进行学习，从而推动教学质量和教学效果的不断提升，真正转化教学成果。

在新时代背景下，社会发展的内在需求是培养应用型人才，从外贸易领域来说，它所需的应用型专业人才必须拥有一定的实践能力，精通英语，并掌握相关技术，这也是高校人才培养的关键目标所在。高等院校要集中本校的骨干师资力量，对应用型人才"课岗证赛创"等多方面深度融合的培养模式进行积极建立和完善，该模式的核心是培养学生的商务岗位能力，基础是对学生的语言运用能力进行培养，从而实现岗位目标、学生全面发展和企业需求三者的统一，深入推动商务英语教学模式的改革和发展，通过改善教学手段、明确培养目标、优化课程设置和精准定位，让商务英语的外延式和内涵式发展效果不断增强，积极培养具有高素质、高水准、高能力的应用型商务英语专业人才。

第四章

商务英语教学的人才培养

第一节　商务英语人才培养及基本途径

一、商务英语人才培养的目标分析

对于商务英语专业的人才培养而言，明确人才培养目标定位既是保证毕业生在就业市场拥有竞争力的基本要求，又是学科建设的必要条件，其积极意义体现在以下方面：

（一）为改革办学模式确定发展方向

我国高校传统的人才培养模式源于苏联的高等教育体系，学科专业设置强调专而精，培养规格整齐划一，犹如工业流水线。这样的培养模式满足了中华人民共和国成立后社会主义建设初期对各类专业技术人才的需求，为当时的经济建设、社会发展作出了贡献，在我国建设和发展的前期发挥了重要作用。但随着改革开放和社会主义市场经济的建立，我国的发展现状要求高等教育能够培养出具有个性鲜明、知识基础宽厚、视野开阔等特质，以及自主学习能力和社会适应能力的多样化、复合型人才。

（二）为学科建设找到价值参照点

商务英语学科的不断进步和拓展是其获得学科地位的根本保证，然而，随着学科的深入发展，各种问题和矛盾也日益凸显，这些问题的存在使得商务英语学科的主体，即从事该学科教学和研究的人员以及学习该学科的学生，面临着学科身份的困惑和认同危机。在学科定位方面，长期以来都存在着定位不清晰的问题。例如，学科的评价和交流机制以英语能力为核心，而学科的项目评审机制却仍然以语言文学为中心，这种双重标准的冲突使得学科的主体面临着身份认同的困境。

此外，与商务英语学科发展相关的学术团体和学术交流活动较少，这不仅限制了学科的进一步发展，也使得学科主体在学术研究和交流中孤立无援。同时，本学科在培养复合型人才和深入研究交叉领域问题方面的不足，使得学科主体与社会需求之间存在着较大的差距，这进一步加剧了学科主体的身份困惑。

这些问题不仅影响了学科主体在学术生活中的资源获取，也对其从学科身份中获取情感激励和行为支持产生了不利影响。因此，商务英语学科的建设必须寻找自身的价值参照点，以解决学科主体的身份认同问题，推动学科的健康发展。

二、商务英语人才培养的基本路径

为了满足商务市场对人才的需求，我国应大力推动培养商务英语人才项目的进程，助力外贸行业转型，为商务平台贡献更大的力量。然而，当今我国培养商务英语人才存在模式较为单一、授课方式单调、培训平台建设不完善等问题，对学生提升专业素养和进行实践锻炼都有不利的影响。随着互联网技术与教育的结合不断深入，翻转课堂和微课程逐渐出现在大众的视野中，为培养新时代商务英语人才提供了新途径。下面以跨境电商为例，阐述培养商务英语人才的路径。

（一）以"互联网+"为背景丰富教学课程

目前，互联网被广泛应用到人们的日常生活中，对教育界的深化改革也起到一定的积极作用，所以互联网技术与教育模式逐渐相结合，产生了很多新的教学方法，如翻转课堂、慕课和微课等，这些都对高校培养跨境电商商务英语人才有明显的促进作用。

各大高等教育机构需要主动行动起来,积极打造并完善一支专门用于培育商务英语领域专业人才的教师团队。除了依靠校内具备丰富教学经验和专业知识的教师队伍之外,还应突破校园的界限,邀请来自校外的行业专家和资深人士加入这一教学阵容。这些校外专家能够以自己的专业知识和实践经验,为学生们提供更为深入和独到的教学内容,以此方式贡献出他们的专业力量。同时,校内教师也可以利用课余时间,精心制作各种与商务英语相关的教学课件和资料,旨在为学生提供更为便捷和丰富的学习资源,使得学生们在课堂之外,也能够通过这些课件进行自主学习和复习,从而更好地掌握商务英语的知识和技能。

各大高等教育机构应当紧密结合电商行业企业的具体需求以及市场的发展趋势,精心构建一套完善且符合实际的教育课程体系。例如,为了适应和应对当前跨境电商领域对于精通商务英语人才的迫切需求,学校可以开设《跨境电商英语》这一专业课程。该课程的设计应当紧密结合实际工作中的业务场景,通过模拟各种商务交流活动,如模拟处理订单流程、与客户进行有效沟通、解决贸易过程中的各类纠纷等,使学生能够在课堂上得到实战化的训练和提升。通过这种教学模式,不仅能够增强学生对于跨境电商流程的理解和掌握,而且能够锻炼他们处理实际业务问题的能力,为他们将来投身跨境电商行业打下坚实的基础。

(二)以校企合作为保障构建实训平台

在现代人才培养模式的大背景下,学校与企业之间的合作关系显得尤为重要,二者应携手共进,共同致力于应用型技能人才的培育,这对于商务英语人才的培养产生了深远的影响。基于企业的实际需求,学校应当设置与商务英语相关的学习课程,以期培养出能满足企业需求的商务英语人才。

学校应在校园内部为学生提供专业的知识课程,让他们在系统的理论学习中掌握必要的专业知识。与此同时，企业也应尽可能多地为学生提供实践机会，让他们在实际操作中解决问题，以此提高他们的实践能力。在实践过程中，学生可以逐渐培养起员工意识，这对于他们积累就业经验和适应未来的就业生活具有重要意义。

除了加强学生的专业知识和技能培养外，学校还应积极引导学生了解和融入企业文化，让学生在毕业前就能尽早适应企业生活，更快地适应工作岗位，为企业的发展作出贡献。总的来说，学校与企业之间的紧密合作，对于应用型商务英语人才的培养具有不可估量的作用和价值。

三、商务英语人才培养的多元化模式

（一）复合应用型商务英语人才培养模式

复合应用型商务英语人才并非仅仅通过"专业+英语"的简单叠加模式培养而成，我们需要的是语言基本功扎实、基本通晓两门或以上不同学科知识，能做到融会贯通的人才。所谓应用型人才，就是能够把技术和理论应用到实际的生产、生活方面的人，同时，还应该具备多方面的素质，如广泛而深入的知识储备、高度发达的智力和多元能力、积极的人生价值取向和坚韧的意志品质。

随着我国经济的不断发展，受到西方国家的影响也越来越大，在当今多元文化相互影响的时代中，复合型应用人才逐渐受到热捧，人们对人才培养提出了更高的要求和标准，而这对传统培养外语人才模式也提出了新挑战，所以为了适应时代发展，满足社会需求，大学教育课程应当与国际接轨创新，要一改以往的传统教育模式，改善专业设置过窄、教学内容传统、知识体系单一和知识面狭窄等问题，将更多的精力放在培养与社会文化发展相适应的复合型应用人才上。各大高校应当保证有关商务英语课程的教学质量，不仅要设立与扎实的英语语言基础知识相关课程，还要加大课程与实践相联系的强度，使学生在毕业初期就能快速适应社会发展，通过自身过硬的理论知识，提高就业竞争力。

1. 加强学科交叉

为了增强学生的综合应用能力，应加大不同课程之间的渗透与融合力度。针对专业理论知识较为扎实的高年级学生，可以开设"西方哲学概论""中国近现代文学""西方美学导学""中国哲学与智慧""中国古典文学欣赏"等文化选修课。教师需提前布置好学习任务，让学生在课堂上自主发言，尽情阐述自己的观点，加大学生之间的交流力度，提升文化素养。

2. 改进评价机制

利用校内资源改变学生的评价机制。各大高校应当积极利用自身资源储备，加强学校之间的联系和互动，为学生提供丰富的教学资源，建立起国际贸易英语、旅游英语、涉外文秘英语等新型课程。除此以外，还可以推行辅修第二专业等制度，实行学分制，改变传统的学生评价机制，将更多的注意力放在课程学习上，而不是考试分数上。

3. 优化教学结构

积极引进校外资源，优化教师内部结构。英语外教对培养商务英语人才有着至关重要的作用，英语外教可以利用自身优势，用国外启发式教学方法，营造更轻松灵活的教学氛围，所以在教师人才队伍中，英语外教是必不可少的部分。学校可以贯彻中西结合的教学理念，将中外教师不同的优势和特点运用到教学中。

4. 丰富课外活动

积极开展讲座，增强学生的校外知识。学校和院系也可以组织丰富多样的学术、文化、科技和艺术活动，邀请校外知名人士或专家学者参与指导，分享他们的学习经验和先进知识。除此以外，还可以开展其他校外活动，比如，诗朗诵比赛、英语演讲比赛、专业技能大赛、英语论文比赛、时装模特大赛、戏剧表演大赛、经典英语原声电影观摩讨论等，培养学生多元能力和专业知识素养，以一种更加轻松愉悦的方式激发学生的学习热情和兴趣。

5. 校内建设实践基地

首先，学校可以在教室中建设有关国际贸易实习的相关平台或开发专门网站，帮助学生在更真实的场景下进行模拟训练。教师在课前先发布教学任务，让每一个学生拥有属于自己的虚拟公司，并在网络上进行模拟交易和货物买卖。这样学生可以在主动学习的同时了解到市场的实际需求，培养敏锐的嗅觉和商业交往能力，提高他们快速应变和理性分析的能力。教师在实际模拟中要起到指导者的作用，不断更新系统的教学设计和商务场景，设立一些实际问题，提高他们解决难题的能力，以此来帮助学生掌握的商务英语知识和提高技能综合运用能力。其次，学校可以建设校内模拟实训室，陈列一些真实的应用文献，比如，单证、说明书、专利、手册、合同和广告等。让学生自主撰写应用文体，比如，通知、个人简历、商业函件、合同等培养学生实践技能。最后，在校内教师队伍中成立专业教学指导委员会，如有必要还可以聘请企业界管理人员、专家或行业协会的代表担任委员，为商务英语专业教学提出指导意见，这样可以更好地加强专业教学和管理，促进专业建设与发展。指导委员会可以定期开展会议或考察活动，制定专业的发展方向和教育课程内容，帮助学生更有针对性地开展课程学习，指导就业方向，从而源源不断地为社会输送人才。

（二）创新型商务英语人才培养模式

如今，各大市场最需要的就是创新型人才，它一般被定义为具有开拓性、创新性和先进性的复合型人才。英语专业教学的创新主要体现在教育理论和实践研究上，课程的改变促使教师和学生在素质上实现了一定的突破，打破了原有的限制，达到了更高的水平。高校培养创新型人才时应当将更多的精力放在培养创新意识、创新能力和创新人格方面，但也有专家学者将创新型人才定义为专业知识基础扎实、思维能力灵活、知识面广阔的人群，但又同时具备较高的道德素质和心理素质。无论是哪一种定义都要求创新型人才具备更高的分析能力、解决问题能力、高效实践能力和全面的复合知识框架，不仅能完全吸收传统的知识理论，还能在自己所从事的领域中实现创新和突破。

1.创新型商务英语人才培养模式的要求

随着就业市场的不断发展，对英语人才的培养提出了新的要求，除了需要英语语言文学领域的研究人员和教学人员外，还需要大量能将英语与其他有关学科相结合的创新型英语人才。培养这种英语人才是市场经济的需要，也是时代的要求。因此，英语人才应该具备以下五个方面的特征：扎实的语言基本功、宽广的知识面、一定的专业知识、较强的能力和较好的素质。

大学生英语教学模式需要不断地深化改革和创新，建立起以培养创新型人才为目的的教学目标，紧密贴合社会发展需求和时代的主题，从而调整传统的教学体系，从教学理念、师资队伍建设、课程建设、教学评价体系、教学内容等方面进行调整或变革。

创新型英语人才，首先要拥有扎实的基础知识。其次要能形成属于自己的知识网络，在此基础上融入创新精神、创新能力和创新人格，实质上创新型英语人才是一种改造性人才，他们不仅能快速适应社会变化和发展，还给社会发展注入了新活力，为今后的社会进步贡献了一份力量。

2.创新型商务英语人才培养模式的建构

（1）以就业为导向，创新型英语人才培养模式的目标体系

随着市场竞争机制的引进，就业市场出现了雇佣双向选择的局面，毕业生开始走进人才市场推销自己。毕业生要想适应市场并成功就业，就必须对就业市场的需求有较准的把握。英语人才的培养就需要我们认

真地考虑当前市场经济需要怎样的英语人才。受到经济全球化的影响，越来越多的领域离不开对外交流，传统单一的英语人才已经不能满足多元化的趋势，社会更需要具有综合实力的创新型英语人才，即能将英语与某个专业领域相结合的英语人才。综上所述，创新型英语人才培养的模式应以就业市场为导向，将就业市场需求情况与英语人才培养紧密结合起来，培养出适应市场经济需要的英语人才。

（2）以创新为特色，创新型英语人才培养模式的结构体系

虽然创新型英语人才要求将英语与某个专业相结合，但是我们也要根据不同专业的不同情况，在培养模式的制定上因地制宜。英语专业创新模式，即以英语为主，在外语范围内进行，将英语与其他学科紧密结合的培养模式。具体表现为实行"英语+专业倾向+学科专业"，三者的课时按1∶1∶1来划分。模式可以分为大、中、小三个规模，这种模式旨在在提高英语专业水平的基础上，延伸到提高整个外语水平，培养能够掌握两门及以上外语并具备专业特长的复合型人才。

（3）以专业为基础，创新型英语人才培养模式的课程体系

在创新型英语人才培养模式的建构中，英语的课程体系不是简单的拼凑组合，而是根据创新型英语人才培养目标和规划，对基础与应用、理论与实践、选修与必修等课程的一种科学有机的优化组合，是以一两门外语为工具、另有一两门跨学科专业为方向的课程体系。另外，在以创新为基础、以市场为导向的前提下，学生应深入学习英语语言基础知识，并接受英语听、说、读、写、译等方面的语言基本技能训练，以便较为熟练地使用计算机进行英语及汉语言文字处理工作。同时，他们还需掌握多方面的科技知识和技能，以在外贸、外事、外资等涉外领域展现较高的素质，从而顺利适应其工作。

第二节　商务英语教学中的人才培养方案

一、商务英语教学中的人才培养的总体目标

（一）建立明确的人才培养目的

除了要夯实基础专业知识，还应当强化大学生英语听、读、说、写和翻译能力。在此基础上，可开展第二专业辅修课程，使他们具备夯实的国际商务活动专业知识和操作技能，强化现代化办公能力和管理能力，通过模拟平台，使学生熟悉电子商务和网络运作模式，培养其较好的沟通力，并建立良好的职业素养。这一过程可以鼓励他们从事以英语为主的进出口业务和涉外文秘业务等，以此来推动大学生向复合型专业人才方向发展。

（二）丰富教课内容，建立教学任务

高校应根据社会需求或企业需求，积极调整教学内容，规范相关教学基本要求，做到将"教、学、做"三者结合的课程体系，逐步提高教学质量，加强教材管理，按企业的要求和标准逐渐引入课堂和课本中，再结合学生学习能力和学习情况，编写大纲，从而储备一批具备特色的校本教材。同时，还要重视网络资源的引进和使用，以此来丰富本校课程内容和层次。

（三）优化师资队伍建设

对高等教育的教学成果起到决定性影响的就是教师队伍建设，所以学校应当加强对师资的重视，努力建造一支理论知识丰富、实践能力过硬、专业水平高超、职业素养优秀的教师队伍。

（四）推动实践基地项目建设的发展

除了在校内要加强专业知识理论的培养以外，还应当重视学生的实践能力，加强实训和推动实践基地建设是各大高校的重要目标，将实训、实践、实习三个环节联系起来，不断提升学生的实践能力和解决问题的能力，增强教学过程的实践性和开放性，以培养人才目标为根本目的，紧密联系社会企业，形成一系列教学革命力度大、装备设备现代化、优质资源共享化的高水平教学体系。

（五）建立教学督导体制与质量评价机制

为了加强教学管理质量与评价体系的建设，高校应当重视制度、队伍、过程、方法等方面的教学质量，建立开放式、多渠道、多形式的评价体系，采用用人单位所反馈的评价，结合多方进行改革和创新，从而结合毕业生就业率与就业质量数据，将获取质量、职业素养、实岗训练情况、专业团队反馈等方面指标纳入体系考量因素中。

二、商务英语教学中的人才培养模式的重要途径

（一）探索商务英语专业人才培养的新模式

探索商务英语专业人才培养的新模式，意味着需要在教学理念上进行不断的改革和创新。在我国构建高水平对外开放新格局和"一带一路"

建设的背景下，商务英语专业应始终贯彻培养一流国际商务英语人才的教育目标。

为了实现这一目标，我们需要推行以基础知识、专业方向、综合实践三位一体的教学体系。在这个教学体系中，基础知识是学生成长的基石，专业方向是学生发展的重点，综合实践是学生将理论知识应用于实际的关键。同时，我们还需要将培养"重能力、宽知识、懂经营"三位一体的综合性创新人才作为出发点。

在这个过程中，我们需要注重培养学生的实际操作能力，拓宽他们的知识视野，确保他们不仅掌握深厚的商务英语专业知识，还能深入了解和掌握商务运作的基本原则和技巧。这样，我们才能培养出适应社会发展需要，具备创新精神和实践能力的商务英语专业人才。

（二）科学制定人才培养的新方案

传统培养商务英语人才的模式和课程存在较大的缺陷，导致很多高等院校的英语专业毕业生能力有所欠缺，无法满足各种市场需求，因此高校在课程设置、教材内容、教课方式等方面均需做出调整和优化，以避免对日后学校发展产生不利的影响。

同时，要建设以培养一流国际商务英语人才为主要目的的专业课程体系。随着社会经济结构的变化，对人才也有了新的要求，每个人的职业选择和就业机会都发生了巨大的变化，为了更好地适应这种变化，就业人才需要不断地提高自身能力和素质以加强市场竞争力。为此各大高校应当积极适应企业需求不断优化课程体系。

此外，还应将理论与实践相结合，开设交叉递进式教学体系。为了能更好地将专业知识应用到工作中，学校要秉承实际、实用、实践的根本原则，探索和建立"以必需、够用为度"的教学体系，避免过分强调学科知识的系统性和完整性，要积极突破教学内容的理论应用性和实践性。虽然专业理论教学内容不可能面面俱到，但是各大高校应当努力改革过去重理论、轻实践的教学体系，突出理论知识对培养操作动手能力的指导作用。

（三）完善人才培养模式的条件与环境

1. 师资队伍建设

为了增强自身竞争力，使学校实现快速、可持续发展，商务英语专业教师队伍应当做到以下几点：

第一，努力建设一支敬业、忠诚、职业素养高超、教育能力优秀的师资队伍可大力推动学校教育改革的进程，总之，这支教师队伍需要在本专业有一定的影响力，能够带领专业建设和发展持续进步，而且这支骨干教师队伍要保证人员数量充足、教学能力过硬，如有需要，还可以引进校外资源以提高整体水平。

第二，积极联系校外企业，做好人才引进工作。学院或学校可以根据自身发展需求和方向，与校外专业企业进行沟通和联系，二者结合，一起为培养创新型商务英语人才而努力。通过引进实践能力和管理能力过硬的专家来充实整个教师队伍，从而更好地为培养人才提供帮助。

第三，做好制度规划，实施教师能力提升方案，提高现有教师水平。为了保持校内课程建设水平不断进步，提高教学质量和教学水平成为首要任务。学校可以组织不同层次和不同形式的教师培训，为教师提供更多的学习机会，从而提高教师队伍的整体水平。此外，还可以和校外企业进行合作，为教师提供校外实践机会和进修学习机会，持续提高其教学能力和专业实践技能。

2. 加强实训、实习基地建设

为了有序开展校外实训和实践项目，首先，学校要保证有充足的人力和物力资源，建立清晰明确的培养目标和方向。其次，在校外，学校应当积极寻找合作伙伴，紧密联合企业，推行产学一体的办学模式，利用校外资源强化教师队伍，通过企业的技术优势和丰富的经验，帮助学校提供更多实践机会，达成互惠互利的合作原则，从而建立较为稳定的校外实践教学基地。

3.加强校园文化建设

首先，要营造积极向上、轻松活跃的高等教育特色学习氛围，为教师授课和学生上课都提供较好的学习环境。其次，推行"以学生为本，以技能为上"的校园文化。最后，活跃外语学院的学习氛围，展开丰富多彩的第二活动课堂或学校社团活动。

第三节　商务英语教学及实用型人才培养

一、商务英语教学的内容构建

（一）商务英语课堂教学的特性

商务英语课程具备实践性。商务英语是一门将商务与英语结合起来的学科，在跨境电商应用中最为常见，所以为了能将这门应用性较强的学科发挥出最大效用，学生不仅需要具备过硬的听、说、读、写、译等能力，还要充分掌握与国际贸易、国际金融、商务谈判、跨境电商等有关的知识和制度。虽然商务谈判和国际贸易都属于应用经济学的范畴，但它们与商务英语之间也有交叉内容。与基础英语不同的是，商务英语教学主要培养学生的动手能力和实践能力，比如，在提高商务谈判能力中，要注重合作与双赢的谈判目的，并以此开展训练与培养；还需要具备国际金融课程中汇率的计算与国际收支平衡表的制作能力；熟悉掌握国际贸易课程中制作单证的操作能力，这些知识点都需要学生在日常课程中进行反复练习和操作，形成肌肉记忆，以此来保证在实践过程中的准确操作。但在这个过程中学生往往会出现厌倦情绪，此时，教师可用一些仿真的商务活动来激起学生的学习兴趣，以提高学生的自主学习能动性。

在实际模仿过程中，要求学生用英语展开商务交流，结合自己的目的与对方达成共识，从而为将来从事相关工作奠定基础和功底。由于商务英语这门学科的实践性较强，所以给大多数教育者带来了较大的挑战和困难。同时，教师队伍也应当注重提升自身水平，不断进步，长期发展。在此基础上，各大高校应当紧密结合商务英语实践教学课程和方法，改变传统的教学模式，这样才能优化课堂教学效果，提高学生综合素质水平。

1. 商务英语课程具备时效性

商务英语课堂教学与基础英语课堂教学存在一定的差异。由于其跨学科与复合型的特点，要求课程内容的时效性和更新性更高，而传统基础英语课堂侧重于语法和词汇等知识，并在培养学生基本能力的同时，教导他们如何运用语言进行交流，以此强化人文精神素养和专业知识储备。因此，教师应在教学大纲的指导下，根据课本内容和课外知识来开展基础英语教学。

商务英语课程与国际接轨，涵盖了有关国际贸易、国际金融和跨境电商等学科的内容，因此商务英语课程的内容需要实时更新，并保持时效性。同时，这也对教师的教学也提出了新要求，教师必须重视课堂内容的最新变化，及时做出调整，并在讲授内容和讲授方式上进行创新，以适应不断变化的商务环境。例如，国际贸易术语会随着经济的进步和时间的推移发生变化，从原本复杂性的表达逐渐演变成简洁表达，而且经济变化速度迅猛，商务用语不断更新，速度变化极快。因此教师也要与时俱进，不断关注相关内容，及时更新最新的知识点，并调整课程教学内容，这样才能达到与国际接轨、与世界匹配的教学目标，从而源源不断地为国家和社会输送专业型商务英语人才。

2. 商务英语课程具备专业性

由于商务英语这门学科的实用性、专业性和目的性极其明确，故被广泛运用于各类商务活动中，广受从事国际商务活动人员的青睐，是一门具备较强社会功能的专业学科。因此商务英语也被称为是专业用途英语。商务英语具备较强的专业性，要求学生除了具备扎实的基础知识以外，还需要具有国际视野和人文素养，并能熟练掌握外国语言学、工商管理和应用经济学等交叉学科内容，因此商务英语可以培养出应用能力强、跨文化交际能力突出、国际商务工作能力水平高超的复合型专业人才。各大高校纷纷以此为教学目标，结合国际热点和市场需求积极开展培养商务英语人才的项目和课程。

毕业后的商务英语专业学生除了可以从事与英语有关的岗位以外，还因掌握了国际经济、管理学基础、国际商法等学科的理论知识，而具备了更强的竞争优势和竞争力，广受涉外行业的青睐。商务英语作为一门专门用途的应用型语言课程，需要引进先进的教学模式和立体式教学体系，以突破传统而单一的教学方式，这样才能更好地适应我国经济发展需求。现如今，将多维度立体式的动态教学引入课程，已然成为各大高校努力的方向。

（二）商务英语课堂教学的方法

1. 商务英语课堂中的项目式学习

（1）项目式学习的作用和价值

项目式学习（PBL）的概念源于"做中学"，可以追溯到20世纪60年代末和70年代，直到20世纪90年代才在教学领域得到广泛运用。巴克教育学院将PBL定义为"一种系统的学习方式"，让学生通过解决复杂、真实的问题、精心设计产品、完成任务的探索过程来学习知识和技能①。Sarwar（萨瓦尔）对基于项目式学习进行了定义，将其描述为一种由教师发起的、学生可以选择合作或独立进行的教育活动。该活动的目的在于为外语学习者创造一个在课堂之外实际使用目标语言的机会②。根据 Sarwar 的观点，PBL 项目的目标是给予学习者自主管理其学习过程的能力。这种教学方法不仅在外语教学中得到了应用，还被广泛地运用于其他学科，如科学、技术、计算机科学和市场营销等，并且在这些领域都取得了显著的教学成效。PBL 的教学法是在 20 世纪 70 年代末期被引入外语教学中的。与传统的教学方法相比，PBL 更加强调以学生为中心的教学理念，并且能够将语言技能的培养与学科内容的学习有机地结合起来③。

在 20 世纪 90 年代，戴士弘教授首次在"模拟电子技术"课程中引入了项目式学习方法，并取得了显著的成效，这一成功实践促使该方法在中国迅速普及。虽然项目式学习更侧重于实践操作，似乎更适合工程类学科，但目前许多文科领域的教育者已开始采用这种方法，并且取得了令人满意的成果。它不仅极大地提升了学生的学习热情，还确保了教学的高效率和质量。

（2）项目式学习的特点

项目式学习由以下几个特点而著称：它基于现实工作场景构建教学环境，鼓励学生在自主学习的过程中综合运用所学知识和技能；它所设计的任务具有高度的操作性，且无论是在项目实施还是成果上都没有固定标准，呈现出一种开放性；同时，它允许对项目任务进行评价。项目

---

① STOLLER F L, MYERS C A. Project-Based Learning [M] //GRAS-VELAZQUEZ A. Project-Based Learning in Second Language Acquisition. New York：Routledge，2019：23.

② SARWAR Z. The Golden Gates of English in the Golden Context [M]. Singapore：SEAMEO Regional Language Centre，2000：27.

③ STOLLER F. Project work: A means to promote language and content [M] //RICHARDS I C, RENANDYA W A. Methodology in Language Teaching: An Anthology of Current Practice. New York：Cambridge University Press，2002：107-119.

式学习最显著的特点是将学生置于教学的中心位置，在教师的辅导下，学生需要围绕项目进行积极的自主合作和探索，最终独立完成项目。这种学习方式具有强烈的探索性，能够显著提升学生的学习积极性，将学生从被动接受知识转变为主动寻求知识。

（3）项目式学习的实施条件

在中国，项目教学、工作过程导向教学和案例教学等模式正得到大力推广。项目式学习特别强调实用性和实践性，通过这种学习方式，学生能够逐步培养自主学习、协作、专业知识和创新等技能，为他们未来步入职场打下坚实的基础。

2. 商务英语课堂实践性教学环境的构建

在教育实践中，营造一个以实践为核心的教学环境对于项目式学习的成功至关重要。与常规教学策略不同，项目式学习强调实践的操作性，特别是对于商务英语专业的学生，他们需要一个与理论学习截然不同的学习环境。

（1）建立学校实训室

在教学过程中可配备模拟会议室，模拟办公室，便于学生使用电话、电脑进行线上谈判，有条件的学校可将需更新的办公桌椅放置于空置的办公室或教室作为项目式学习的实践场所，从而提高学生项目学习的真实性。

（2）丰富实践教学对象

在项目式学习的实施中，应搭建一个让学生能在相似专业领域内，由同一位教师指导的不同班级学生参与的实践教学平台。在这种模拟的商务英语使用场景中，交流双方不应是彼此熟悉的同学或教师，而应模拟实际情况，扮演可能是来自同一企业不同部门的员工，或者是来自不同企业甚至是不同国家的新合作伙伴。这样的设置确保了商务英语实践教学环境的真实性、参与者之间的相对陌生感，有助于构建一个接近实际工作场景的本土化教学环境，从而提高教学的有效性。

（3）构建实践技能竞赛平台

当学生投身专业课程的学习时，他们大多数已步入成年，其学习成效主要取决于个人的学习习惯和能力。然而，在大学期间，学生正处于塑造个性和能力的重要阶段，学校的教育和培养在这个时期扮演着至关重要的角色。因此，学校可以通过组织一年一度的实践技能竞赛来激励学生参与，以帮助学生认清自己的优势和不足，并激发他们参与实践课程学习的积极性。

（4）建立实践技能考核机制

学校可通过建立专门的实践技能考核机制，定期通过测试考查学生实践技能的水平，将学生实践技能水平的考核纳入期末总评成绩。

（5）开发项目式学习应用课程管理系统

单独依靠学校管理层和教师来监督项目式学习是不足以保障其有效性的。为了有效监控项目式学习，必须引入先进的监控体系，即计算机网络信息技术。目前将这类技术应用于教学尚不普遍，特别是在项目化教学的课程管理系统中更是少见。院校应基于信息管理系统来设计项目和教学活动，以提高项目教学的效率。在项目实施中，鼓励学生建立自己的知识结构，提升专业技能，在这个过程中，教师的角色从主导者转变为辅助者，学生应能够整合所提供的资源，构建个人的知识体系。项目式学习建立在建构主义学习理论之上，这一理论强调学生的参与，并以情境、对话和资源为基础来创建学习环境。因此，学校可以利用现代的网络技术和体系优势，开发符合教学需求、适应教学环境的课堂资源，并将这些资源在线共享，以便师生都能参与其中，共同开发出一个完善的项目教学课程管理体系，从而提高教学质量。在项目教学过程中，系统可以帮助教师进行互动交流，与项目紧密结合，并在项目的各个阶段进行评估，完成教学的评估工作。同时，对学生在项目实施过程中的各个阶段成果进行记录和存档，包括纸质文档、音频和视频等多种形式，这些记录不仅可以作为学生项目成果的积累，也能作为教学资源供未来学生使用。

（6）规范项目式学习应用的课堂教学

学校必须对项目评价体系进行规范化，确立项目式学习评价的各个关键要素，包括评价所涵盖的内容、所依据的标准、评价的执行者、评价所采取的形式。项目评价对学生所承担的项目提供反馈，是确保学生能够持续投入项目式学习并保持长期兴趣的关键。为了达到这一目标，教师需对学生的项目成果进行恰当、充分且全面的评估。

评价内容应当明确区分为针对小组和个人的两个层面。小组评价应侧重于评估团队在项目实践中的表现，这涉及项目设计、实施以及成果展示，均以团队合作的形式完成。因此，团队评价的主要维度应包括项目设计、成果以及团队合作能力。这些维度旨在全面评价团队的实际操作能力和协作精神，并且各自独立，满足评价体系构建的要求。个人评价则应覆盖资源应用能力、学习技能、情感态度和专业素养等方面。在个人评价中，学习技能是一个广泛的概念，它与资源的有效利用、交流与合作能力，情感态度等方面有所交集，但这些方面均应作为独立的评估指标，可以具体划分为资源利用、交流讨论和学习态度等。

评价标准需设定为描述型和等级型两大类。在描述型评价中，应使用明确的语言来具体说明评价的内容，例如，在评估资源利用方面，可以具体指出资源的收集和整理情况：是否所有相关教学资源已被收集齐全并得到恰当管理；是否仅有部分系统程序和教学参考资料被记录保存；是否资源被系统地整理为参考材料；是否资源的收集是临时且无计划的；或者是否只收集了部分数据。而等级型评价则是将这些情况按照优劣划分为四个等级，每个等级对应不同的分数。至于评价的执行者和方式则呈现多样化，包括教师的评价、小组自评、组间互评以及组员之间的互评。

(7) 引入校外考评机制用于课堂

针对商务英语专业学生的特定职业需求，不仅校内的教师教学和学校管理发挥着重要作用，校外的专业监督与指导同样不可或缺。

规范化实训与实习体系。学生在校园内学到的专业知识与在企业中获得的实操经验通常大相径庭。有资源的高校可以利用与企业的合作关系，定期安排教师带领学生进入企业实地考察和实训，让学生学习到实际工作中需要的技能，加强对行业的理解，以促进学校的教学工作。这种实践活动不仅让学生亲身体验职业内容，还要求他们定期进行实训和实习的总结，同时，教师也需要对学生的实训和实习进行总结，为学校的教学提供反馈。

(8) 重视专业教师队伍的培养

高校培养的学生应当具备专业性、实践性等特点。针对学生培养的需求，高校也需从这两个方面培养教师队伍，通过"走出去"和"引进来"的两条途径打造双师型教师队伍。

派遣教师参与企业实践。高校需建立行之有效的双师型教师培养策略和方针，需要通过"走出去"途径。目前各高校均有各专业相应的企业合作对象，在加强校企合作的同时，需要高校定期组织科任教师进入合作的外贸公司、企事业单位一线了解职业现状，并在校内开展经验交流，拓展校内教师对于行业情况的把握，掌握商务活动的第一手资源，加快自身理论与实践相结合进程，丰富自身实践经验。返校后，在日常实践教学中对专业教师开展经验的传递，鼓励有经验的教师对无经验的教师进行指导和帮助，带领专业教师队伍共同成长，以促进本专业教师实践经验的增加。

组织专业教师开展培训。学校需定期组织专业教师进行专业和教学两方面的培训进修。通过规范的专业技能培训增加教师实践知识储备，拓宽专业教师的实践知识面。开展教学技能的专业培训，强化教师对实践性教学方法的认识，提升教师教学专业技能，为实践教学的顺利开展提供助力。

吸引企业人才加入教学团队。 建立多项鼓励政策，直接引入企业人才。"引进来"途径需要高校与对应公司企业开展合作，企业定期派遣员工入校指导教师开展实践教学，定期宣传行业最新状况，录制行业介绍视频、远程教学，使高校与社会紧密联系。挑选校企合作的企业做远程教学，通过工作视频、建立电子资料等方式帮助教师和学生深入了解职业动态，邀请企业人员来学校进行演讲或者直接通过视频连线等形式来补充我们学校教师实践性能力的培训。学校可采取商务英语专业与国际贸易专业教师组队的方式，增加知识的互通有无，提升教学的质量。

构建跨专业教师合作团队。 双师型教师的缺乏是目前高校教师队伍的关键问题。专业教师的理论知识丰富，实践经验贫乏的现象普遍存在，通过打造校内相关专业的跨专业合作能力为实践知识的补充提供助力。比如，有条件的院校可以开展跨专业的教师合作教学，熟悉实践教学的国际贸易专业的教师对精通英语的商务英语教师进行帮助，传递外贸知识，带动商务英语专业教师商务实践知识的增长。同时，英语能力突出的商务英语专业教师也能为国际贸易专业教师英语教学方面提供助力。这种跨专业教师的合作教学不仅能相互学习，还能进一步提升教学质量。

建立以专职教师为主，兼职教师为辅的团队。 企业人员担任教师比例的提高固然能提升高校实践教学水平，但由于大量引入企业人员担任专业教师存在困难，比如，企业人员教学水平不高、企业人员教学时间不能得到保障、企业教师管理困难等问题，学校应树立组建校内专职教师为主，企业人员兼职教师为辅的专业教师队伍的意识，力求保证实践教学的真实性。

（9）综合运用多种教学方法与活动

项目式学习已被证明在提升高等教育的实践教学方面极为有效，构成了教学策略中不可或缺的一部分。但需要指出的是，尽管项目式学习在教学方法中扮演着关键角色，它并不是唯一的途径。传统教学、情景模拟和任务驱动等教学方法，在实践课程中同样扮演着至关重要的角色。这些方法不仅帮助学生成功完成项目任务，还有助于加深他们对实践教学的深入理解，简化了学习过程，并为学生逐步掌握更富挑战性的项目式学习方法奠定坚实的基础。因此，在实施教学时，建议教师灵活运用多种教学方法，结合不同的教学活动，以实现最佳的教学效果。

在高等教育中，项目式学习虽然受到推崇，但若仅依赖此方法进行实践课程教学往往会导致学生承受过大的压力，难以达到理想的教学成果。鉴于项目式学习对诸多条件的高要求，它并不适合所有实践课程，也不宜用于整个学期的教学。因此，为了同时保持教学的真实性，并确保项目式学习的有效性，教师需要在教学过程中灵活地结合项目式学习和传统讲授法。

鉴于学生对行业的理解尚浅，如果仅通过项目式学习来掌握行业知识，可能会增加他们的学习负担。一种有效的方法是，先利用传统教学法帮助学生梳理和理解实践课程的基础知识，再通过项目来巩固和应用这些知识和技能，从而提升学习效果。在这一过程中，教师应注重基础知识的教授，同时将项目的整体目标分解为多个小目标，并在项目的不同模块中体现这些小目标，帮助学生构建起一个系统化和全面的知识体系。这种方法既利用了传统教学法的优势，又满足了岗位的实际需求。

推行多样化的课堂教学实践。目前，众多学校倾向于仅使用项目式学习或任务驱动法等单一教学模式，这常常导致学生对教学效果持批评态度。为了改善这一状况，教师需要根据学生的具体情况，灵活地选择适宜的时机和环境，融合不同的教学方法进行授课。由于项目式学习的周期较长，通常持续一周甚至两周，对学生的学习能力有较高要求，如果长时间仅使用这一种方法，可能会给学生带来心理负担，影响其学习效率。因此，在高等教育领域，结合行动导向、任务驱动等多元化教学策略，开展商务场景视频拍摄、模拟交易会等多样化的教学实践活动，是至关重要的。这些活动不仅能够维持学生的学习热情，还有助于学生更全面地掌握知识和技能，培育他们的综合素养。高校教师在实施教学时，除了要完成项目或任务中包含的专业知识和技能教学外，还应依据课程特性、教学原则和教学目标，精心挑选和设计教学方法和内容，以实现最优的教学效果。

以任务驱动法为例，教师需要重视围绕教学内容设计具体的项目或任务，使用项目式学习或者任务教学法驱动学生对教学内容进行探究。这种教学策略不仅能够强化学生在学习中的参与性，而且也能够促使学生对真实的工作任务、工作环境、工作流程做出体验，从而有效提升学生学习效率，促使学生对模块知识做出掌握。当然，合理把握项目与任务难度，也是教师需注意的重点内容。

（10）增强学生自主与合作学习意识

项目式学习融合了实践与理论，是一种重视个人及团队实践能力的教学方式。单纯提升教师在商务专业领域的知识和实践经验，并非提升项目式学习教学效果的唯一途径。教学是一个双向过程，要实现教学方法的最大效益，不仅需要教师具备卓越的教学技巧、丰富的经验和扎实的教育背景，更关键的是要激发学生的学习动力。在当今这个倡导终身学习的社会，学生毕业并不意味着学习的结束，而是新的学习阶段的开始。如果学生在校期间未能培养出自主学习的能力，不能及时地更新知识，他们将难以跟上社会快速发展的步伐。

完成学习项目的核心在于团队成员之间的协作，包括分工合作获取和共享项目资源，利用网络平台收集和筛选所需信息，以及与团队成员进行有效沟通和资源整合。只有团队成员之间高效合作，项目才能顺利推进。学校环境与职场环境存在显著差异，学校中的学生可能更多地独立完成学习任务，而职场则更加重视团队合作。

3. 商务英语课堂中的任务型教学法

任务型教学法是一种在商务英语课堂上由教师引导学生通过完成任务来进行学习的方法。这种"边做边学"的教学策略近年来在国内商务英语教学中广受欢迎。它要求教师根据具体的交际需求和语言学习目标，设计出既具体又可操作的任务，让学生通过各种语言活动，如表达、沟通、解释和询问等来完成学习任务。这种方法不仅促进了学生对语言的掌握，也有效锻炼了他们的综合能力，被认为是一种值得推广的有效的外语教学策略。

（1）任务型教学法的重要作用

提高学生学习的积极性。任务型教学法的运用，是让学生围绕学习任务制订实现计划，整个过程真正实现将课堂归还给学生。在任务指引下，学生可以根据自身实际情况进行自主学习、思考探究和实践训练，并在充分发挥学习主观能动性中实现商务英语的有效学习。

发展学生综合能力。学生对商务英语课程的学习，主要目的是提高英语综合能力，然而，这些能力的培养只依靠教师课堂上的知识教授是无法实现的，还需要为学生创造更多的自主学习空间，让学生在主动探索、实践体验中汲取知识和锻炼能力，而任务型教学法的运用，为学生开辟了更多的自主学习空间，在完成学习任务过程中，为学生留足思考、合作、体验等空间，推动学生通过任务型商务英语学习，实现英语综合能力的提升。

提高实际教学效果。为了实现商务英语教学成效，教师需要精心策划和组织课堂教学，同时重视指导学生按照既定的教学计划开展学习活动。教师还应鼓励学生进行深入的学习反思，从而掌握有效的学习方法，激励学生持续向更高水平发展。通过实施任务型教学法，教师可以有效地引导学生朝着既定的学习目标前进，使学生在学习过程中进行自我评估和反思，并通过不断的自我完善，提高学习效率和优化学习成果。

（2）任务型教学法的具体运用

任务导入——激发学习兴趣。在商务英语课堂中，教师需精心设计任务的引入，以此吸引学生的注意力并点燃他们的学习兴趣。这要求教师深入分析教学材料，并根据教学目标制定涵盖基础技能、语言应用和拓展提升的任务。在呈现任务时，应采用能够引起学生兴趣的方法，例如，可以利用多媒体工具，结合图像、视频和动画等形式，以生动活泼的方式展示任务内容，从而唤起学生的学习欲望。同时，教师应向学生清晰阐释任务的执行流程，协助他们深入理解任务的核心主题、目标以及操作步骤。特别是对于商务英语中的关键点，如句法结构和修辞技巧，教师需要进行重点讲解，确保学生能够准确把握，为后续的任务执行打下坚实的基础。通过这样的任务引入，可以有效地为学生完成学习任务做好充分的准备。

任务执行——促进合作探究。任务执行环节在商务英语课堂中扮演着至关重要的角色，它直接决定了教学成果的优劣。学生在任务导入阶段已经获得了对商务英语任务的清晰认识，并开始探索如何更有效地达成这些任务。在这个过程中，他们会主动地吸收相关知识，积极思考和探索，以更好地掌握与任务相关的英语技能。面对学习中不可避免的挑战，教师应转变为引导者，适时地提供指导，同时穿插阶段性和合作性任务，这不仅能激发学生的学习热情，还有助于他们更深入地理解并牢固掌握商务英语知识。在这种以任务为导向的学习驱动下，商务英语教学的效率和效果都将得到显著提升。

任务展示——锻炼英语能力。当学生们完成了他们的学习任务后，他们需要在班级中展示自己的学习成果。在实际操作中，教师可以组织学生自行分组，并让每组选出1名代表来展示他们的工作。这种展示可以采用多种形式，包括演讲、文本翻译、角色扮演等，这些方法不仅能激发学生的参与热情，还能让教师了解学生在完成任务时可能遇到的问题。此外，教师还可以根据学习任务的目标，如基础知识掌握、对话交流能力和情景模拟体验，来设计和实施多样化的实践活动。通过这样的活动，学生可以根据自己的情况选择参与，这不仅有助于他们复习和巩固已学知识，还能锻炼他们的表达、合作和实践能力，促进他们向更全面和综合的方向发展。

任务评价——提高学习效果。任务学习结束后，教师应重视对学生的学习成果进行细致的评价与深入的分析。这一过程旨在协助学生真实且准确地认识自己的学习现状，特别是要识别和理解学习过程中的不足。通过评价，学生能够认识到自己的弱点，并在反思中寻找解决问题的策略，从而提升商务英语学习的效率。通过评价，教师同样可以洞察任务型教学法在实际教学中的成效，并发现实践中的问题，例如，任务与现实生活的结合不够紧密，或者师生之间、学生之间的互动不足等。发现这些问题后，教师可以在未来的课程中给予更多的关注，并采取措施进行改进和优化。这种持续的改进有助于确保任务型教学法在商务英语教学中的有效运用，并不断提升教学的效率和效果。

4. 商务英语课堂中的行动导向教学法

行动导向的教学是指教师和学生要在创造的商务情境中进行交流与互动，在学习活动中，学生要始终作为主体积极建构知识、学习技能，以满足未来的工作需求。行动导向有着明确的结构体系和实施策略，所以有着教学理念和教学模式两种身份。这里提到的"行动导向教学法"概念指的是一类教学方法，而不是特指某个具体的教学方法。行动导向教学法可以根据不同的分类原则进行分类，但无论是哪种教学方法，都要包括明确任务、收集信息、制订计划、展开决策、组织实施、过程检查、总结评价这些环节。总的来说，行动导向教学法有以下七个特点：（1）学生始终是课堂的主导者和行动的主体；（2）根本目的在于提高学生的综合素养，让学生获得全面发展；（3）要求学生自主地进行教学活动；（4）教师要从学生的兴趣出发组织教学活动，帮助学生不断提升自我管理能力；（5）通过分组、合作的方式开展教学活动；（6）教学活动要将重点放在工作导向和目标导向上;(7)通过行动教学法完成的教学活动会形成不同的教学成果。在教学实践中,项目式学习、引导教学法、角色扮演法、任务驱动法和案例教学法都是比较常用的方法。

行动导向教学法不仅高度重视学生解决实际问题的能力,还十分注重学生的应用能力和自主管理能力。在整个学习过程中,教师扮演的角色是引导者和咨询者,随时在学生需要时为他们提供帮助。课堂活动是行动导向教学的主要教学内容,通过体验式的教学给学生带来真实的体验,从而不断提高学生的实践能力。

(三)商务英语课程群网络教学共同体

1. 商务英语课程群网络教学共同体的建设思路

随着全球经济一体化进程的不断加快,社会需要越来越多的商务英语专业人才。不仅如此,社会对商务英语人才也提出了更多的要求,这意味着商务英语专业人才要向着"复合型、国际化、应用型"的方向不断迈进。为了让学生具备更好的专业和语言等实践能力,要使教学改革与现代教育网络信息技术实现进一步的融合。

信息技术与外语教学的深度融合是一个十分复杂的工程,并不是简单地将两者相加在一起。商务英语专业课程群网络教学共同体是一种智慧教学,它是依托于专业的教学资源库实现"互联网+云技术+移动端"的一体化设计。商务英语专业课程群网络教学共同体以互联网开放共享的理念和教育大数据的内涵为基础,依靠数字化技术,使用了信息化的教学方法,有着课程颗粒化资源、结构化和链接模块化等特征,可用于个性化学习、科学教学管理、可视化教学动态呈现、采集多元数据以及高效课堂教学。该共同体从实践的角度让外语教学与技术革新实现了深度融合。

(1)商务英语课程群网络教学共同体建设要素

在"云、网、端"教育生态下,智慧教学共同体构建基于各要素间的协同发展。其中，教学主体指在以学生为中心的教育理念下，通过互联网构建新型的师生交互模式及机制保障，联合校企合作单位共同制定"互联网+商务英语"专业转型时期人才培养方案与课程标准，修订校企合作协议，完成"互联网+"教学实践机制的运行与完善；教学载体开发包括"智慧教学+商务英语"素材、积件、模块、课程不同层次的资源建设，创建文本类、图像类、音频类、视频类、动画类、虚拟仿真类不同类型颗粒化素材资源单体，架构起逻辑清晰、内容完备、周期完整的标准化课程及课程群，完成基于智慧教学理念的核心课程+支撑课程+扩展课程数字化教学资源开发与优化；教学媒体构建是指将专业的教学资源库为核心的智慧教学共同体融入人才培养全过程，针对师生主体，进行完整丰富的教学文件及平台服务；针对企业培训，提供对接地方产业的行业标准、技术标准用以产品及文化展示的特色产品语料库、企业网站链接等。

（2）商务英语课程群网络教学共同体建设目标

商务英语专业教学改革以教育生态学为出发点，强调英语教学应充分发挥主体、媒体和载体等不同因素的协同作用，依照智慧教学共同体的原则实现个性化学习，利用现代技术完成智慧课堂设计，让学生拥有更好的自主学习能力，最终使各生态位在英语学习中获得协同发展，主要体现为以下四个方面：

第一，以教学主体需求为宗旨，让教师和学生之间实现进一步的交流与互动，对个性化交互型教学积极地探索，在提高教师信息化教学能力的同时培养学生的自主学习能力。建立校企合作机制，邀请行业企业共同参与教育信息化建设，为"互联网+商务英语"双创教育提供更好的融合思路。

第二，以教学载体创新为抓手，将新形态多模态数字化的教学内容与立体化教学素材相结合，通过智能教学平台课程和课程群模块实现网络学习资源共享，从而使英语教学与信息技术实现进一步的融合，并增强其创新意识。

第三，以教学媒体革新为助力，在智慧课堂上实现传统教学模式与数字化教学模式的结合，营造良好的教学环境；建立专业的教学资源库，发现影响"智能+教育"的决定性因素，构建完善的数字化教学平台体系，让传统商务英语教学范式符合现阶段教学生态的要求。

第四，以教学共同体的共同愿景为导向，无论是智慧教学共同体构建的原则，还是其构建的策略和要素，都要为了实现培养一流商务专业人才目标而服务，让高校教育教学体系中的所有个体——学校和企业、教师和学生、载体和媒体在实现协同发展的同时可以进一步地融合。

2. 商务英语专业课程群网络教学共同体建设途径

"互联网+"正在重塑融合创新的教育生态，以数据、智能、开放为主要特征的教育信息化，引发英语教学的深层变革。教育生态注重教与学要素之间的协同增效作用，"以学习者为中心"的生本教育是其核心内涵，"教学共同体"是符合共生共赢机理的有效教学组织形式。在信息技术呈开放、多元、融合、创新的时代背景下，借鉴教育生态学的内涵，赋能"云、网、端"、共铸新生态，从教学理念、教学环境、教学资源、教学模式等入手，凝聚智慧教学共同体的共同愿景，致力教学"主体、载体、媒体"的协同优化。

（1）统筹规划以生为本、多层构建网络教学共同体体系

针对商务英语专业教学存在的信息化、智能化、个性化不够突出的典型问题，应从转变教学理念出发，以教学技术与教学方法为依托，通过"三维支撑、多元联动、产教融合"的网络教学共同体体系设计与构建，以融合"云、网、端"的智慧教学环境为硬件支撑，以校企合作、产教融合为双向保障，以专业教学资源库为核心，汇集MOOC/SPOC网络教学平台、虚拟仿真写作、函电与商务交际等实训操作平台，以及企业方提供的跨境电商运营平台等真实账号运营实操及海量的多元资源

链组建的融专业教学、管理、实践、评估为一体的智能教学空间，使其运作成为一种常态化范式，切实推进人人皆学、处处能学、时时可学的学习型空间建设。

（2）协同营造资源集成、开放共享的智慧教学生态环境

商务英语专业课程群的教学，应致力于服务"教学重构，智慧学习"的学习环境创设，充分利用大数据、人工智能、移动互联网、云计算等新技术，实现从传统多媒体教室到智慧互动教室的更新，通过创建口语智能测评室、云网络多功能语音实训室、绿幕抠像录播实训室、VR虚拟仿真智慧课堂等，为教学资源制作、互动教学提供场地保障；通过专业教学资源库、智能教学平台、移动数据端以及新形态教材等，成功为开展混合式教学实践创设了一个学教并重、协作探究型的网络教学环境。此外，智慧教学生态环境还包括自主求知、互助关爱的校园文化，师生主体良性互动的课堂教学包容接纳、分工明确的混合式学习小组等。

（3）深化应用共建共享融合创新的个性化优质教学资源

基于高等院校复合型外语人才对自主学习能力、创新创业能力的诉求，大力推进个性化学习资源的共建共享与应用实施。以高等学校精品在线开放课程建设项目为依托，推动核心课程+拓展课程 MOOC/SPOC 资源建设，升级优化、丰富媒体资源，并创设学情调研分析、在线分享、互动沟通等功能场景；积极协同企业参与专业信息化教学建设，以跨境电商平台全真实操为主，开拓创新创业实践教学开放合作新机制，推动产教融合、课证融通的实现；在立体化教材基础上，推进新形态数字化立体化教材建设，力争实现线上、线下教学载体的创新融合。

（4）积极探索以学定教的网格化课堂教学结构模式

随着信息技术在专业教学中的整合发展，在早期采用"微视频""翻转课堂"组建课堂教学基础上，可借助网络教学共同体下平台端、资源链，运用混合式教学法重组教学情境空间，试行"以学定教"的教学模

式逆序变革，运用智能化的教学诊断、定制化的教学设计、交互型的教学实施、可视化的教学评估流程，使课堂教学模式呈现个性、开放的态势，真正形成"学习者为中心，主导与主体相结合"的教学生态范式重构。学生及小组在网络教学共同体合作学习的过程中建构新知、发展智慧，团队合作精神与行为准则规范得以生成，学生认知水平与情感能力、思政意识形态得到激发。作为教学主体的学生的个体发展水平，不仅得到整体提升，又将驱动网络教学共同体的持续发展，推动共同体的不断优化。

以"赋能云网端 共享新生态"为商务英语专业教学全面革新的思路方针，聚焦"三维支撑、多元联动、产教融合"的网络教学共同体整体设计，以教学环境创设、教学资源整合、教学模式创新为研究路径，为外语教学与技术革新深度融合提供范式案例。这一举措对提升学生自主学习能力与提高教师信息化教学水平具有协同增效作用，为全面、系统研究信息化下商务英语教学开创新视野，实现人才培养与社会需求进行无缝对接。

二、商务英语教学中实用型人才培养

在目前人才市场上看，经济的多种结构在对人才的需求上，要遵循合适的比例，需要大量的实用型人才。因此，如何才能以就业为导向，寻求商务英语专业课程的教学及实用型人才培养的新模式？主要从以下方面探讨：

（一）树立以就业为导向的课程教学观念

以就业为导向、以能力为核心、面向市场，这是当前教育的办学方向，也是构建新课程体系的依据。无论是体系设计、课程结构、课程内容和教学方法，都要遵循有别于普教课程的原则和方法。

1. 以专业技能为核心的课程知识观

在传统的教学理念中，普遍认同知识是课程的核心组成部分，并且知识应当以学科的形式进行系统化组织，构建起严谨的学科知识体系。这种观念在很大程度上影响了教育内容的设置和教学方法的选择。

具体到商务英语这一专业，传统观念将其视为基础文化知识的范畴，这实际上对商务英语专业的发展产生了不利影响。这种看法的局限性主要体现在以下三个方面：首先，如果学生缺乏扎实的英语基础，他们的英语能力将难以得到有效提升，这会直接限制他们在商务英语领域的深入学习和发展；其次，英语教学如果未能针对商务英语的实际应用场景进行教学设计，将导致学生毕业后在商务沟通和实际操作上的能力不足；最后，商务英语专业如果未能明确其人才培养的方向和目标，将使得学生对于未来的职业规划和发展缺乏清晰的认知和准备，从而影响整个专业的声誉和吸引力。因此，对商务英语专业的教育模式和课程设置进行改革，是推动该专业发展的关键。

2. 以学生为主体的课程实践观

在教育界，广泛接受并推崇的一个根本性的教育观念就是"以学生为主体"。这一观念强调在人才的培养过程中自始至终都应该得到贯彻实施。然而，将这一理念具体化并付诸实践，则是一个涉及多方面、多层次的复杂系统工程。若要观察这一理念的实际体现，课程体系的构建是一个重要的视角。具体来说，学生参与教学活动的程度和频率是衡量"以学生为主体"教育理念实施效果的关键指标。

商务英语课程，不仅是一门专注于传授专业知识的传统学科，还是一种旨在提高学生就业能力和职场竞争力的实用工具。因此，确保学生能够积极地投入商务英语的学习中去，显得尤为重要。这不但要求教学内容的精心设计，而且需要课程体系的合理安排，目的在于为学生提供尽可能多的参与机会，最大限度地迎合和满足学生的参与需求。

在课程设计中,应当将重点放在对学生实践能力的培养上。这就要求在课程体系中,商务英语专业的实践课程应当占据核心地位,甚至应当是主导地位。这样的课程设置,可以使得传统的以教师讲授为主的教学模式得到改善,转而为学生提供更多的实践机会,让他们在实际操作中学习和提高,从而在课堂上真正实现"以学生为主体"的教育理念。

为了让学生能够在更加真实和贴近实际的工作环境中学习和实践,学校应当建立专门的实训基地,并在此开展各种商务英语相关的实践活动。这些活动包括但不限于商务英语视听说、商务英语写作、商务礼仪、国际商业文化等课程,通过实践教学,帮助学生更好地掌握商务英语的知识和技能,提升他们未来在职场的竞争力和适应力。这样的教育模式,不仅符合"以学生为主体"的教育理念,还是培养适应社会需求的高素质商务英语人才的有效途径。

(二)重点加强师资队伍建设

若想塑造出卓越的商务英语专业人才,让他们在职场中表现得得心应手、游刃有余,那么商务英语教师的素质和能力便是构建这一目标的不可或缺的基石。在目前的教育阶段,打造一支专业素质过硬、教学经验丰富的商务英语教师队伍,已成为我国各大院校的当务之急。

商务英语教师,不仅要求其具备扎实的语言基础,还需在各种商务场合中游刃有余地运用恰当的语言。他们需要对使用英语国家的文化底蕴、礼仪习惯以及风土人情有深入的了解和掌握,以便在教授学生时,能够全方位地传授知识,使学生得到全面的培养。此外,商务英语教师还需能够熟练处理各类商务合同、书信和回执,具备成熟的专业素养。

商务英语教师还需具备实际的谈判经验和管理能力,这是他们在处理商务事宜时的重要技能。同时,他们还必须掌握相关的经济理论及贸易知识，这是教授学生理解商务运作的重要前提。由此看来，商务英语教学的难度不容小觑，教师本身必须具备卓越的专业素养和技能，这样才能培养出满足社会需求的高素质、高水平的商务英语人才。

（三）完善教学的指导监督作用

各类学校需要深入分析和研究我国当前商务英语专业教学的实际情况，在此基础上，顺应新时代的发展潮流，重新审视和评估学校的办学条件，以确保教育教学活动能够与时俱进，满足社会对商务英语专业人才的实际需求。在此过程中，学校应当对教学大纲、教学目标进行细致的修订和完善，使之更加符合现代教育理念和行业发展的趋势。同时，对课程设置进行优化调整，增加实践性和应用性较强的课程，强化学生的实际操作能力和商务沟通技巧。

此外，人才培养方向也需要学校进行深思熟虑和精准定位，确保学生能够在掌握商务英语专业知识的基础上，具备跨文化交际能力、商务谈判技巧以及国际商务视野。学校还应加强对教育教学过程的监督和管理，建立健全质量保障体系，确保教育教学质量。通过这些措施，我们可以培养出更多具备创新精神、实践能力和国际竞争力的商务英语专业人才，满足我国经济社会发展的新需求。

为了实现这一目标，学校还需加强与企业、行业组织的合作，了解企业对商务英语专业人才的实际需求，以便更好地调整教学内容和方法。同时，鼓励学生参加各类商务英语竞赛、实习和实训项目，提高他们的实际工作能力和综合素质。通过这些举措，相信我国商务英语专业教育能够在新时代背景下更好地发展，为国家的经济建设和社会发展作出更大贡献。

（四）商务英语专业人才培养的教学优化

随着全球经济一体化进程的加快和经济发展战略的实施，社会对商务英语人才的需求日益增长。为此，商务英语要积极响应国家发展战略，不断完善和优化专业人才培养教学体系，让商务英语专业培养出更多高质量的人才，以满足社会对商务英语专业人才的需求。商务英语专业人才培养教学可以从以下几个方面进行优化：

1. 确立商务英语教学培养目标

在商务英语教学中，确立明确的教学目标对于指导教学过程具有重要意义。商务英语专业人才的培养旨在使学生能够掌握扎实的英语语言基础，同时拓宽视野，深入了解国际商务、管理学、经济学和法学等相关领域的知识。此外，他们还需具备出色的跨文化交际能力，以便能够自如地运用英语进行涉外商务活动的处理。为实现这一教学目标，商务英语教师在授课过程中应始终坚守其核心任务，灵活运用各种教学方法，以全面提升学生的英语语言能力、跨文化交际能力和商务实务操作能力。

2. 加大商务英语师资力量建设

商务英语教师应该成为双师型教师，不仅要具备扎实的商务英语知识，还要掌握相关的商务技能。商务英语教师要想为学生提供科学的指导、提高教学效率、保证良好的教学质量，就要让自身的商务英语和商务综合能力不断得到提升。由此可见，强化商务英语师资力量建设是构建商务英语人才培养教学体系的首要任务。

学校可以通过培训的方式提高商务英语教师的专业素养和技能。如举办商务英语教师交流会，让教师之间进行深入的沟通与交流，相互学习和借鉴。或是邀请商务谈判专家和营销专家通过讲座的方式将商务洽谈技巧和系统的营销知识传递给教师，让商务英语教师逐渐提升商务综合应用能力。扎实的商务英语知识和较强的商务综合能力是一名优秀商务英语教师必须具备的，而一名真正的商务英语教师也必须是双师型教师。

3. 科学设置商务英语课程体系

商务英语要想培养出优秀的人才，就要科学、合理地安排专业课程。这不仅可以帮助学生快速地掌握商务英语知识，还可以让他们拥有良好的商务英语综合能力。商务、英语和技能是商务英语课程在设置过程中要展现出的三个特点。为了提高学生综合运用知识的能力，商务英语课程除了要将选修与必修相结合，还要将理论与应用、基础与实践相结合。

此外，学校还应将商务英语课程分为四个模块，即通识教育课、基础课、专业课和实践教学环节。这些课程可以让学生同时获得商务英语语言能力和综合商务能力的提高。

4. 加强商务英语教材的高质量建设

高品质的商务英语教材是确保商务英语教学品质的根本所在。高等院校在挑选商务英语教材时，必须进行细心甄别，选择那些口碑良好、知名度较高的教材。这样的教材能够更好地帮助学生掌握商务英语知识，提高他们的商务英语实际应用能力，并且有助于构建一个全面而扎实的商务英语知识体系。除此之外，高等院校还可以基于实际市场的需求，结合本校商务英语人才的培养目标和教学内容，自主编写出既符合市场需求，又能满足本校人才培养目标的商务英语教材。

5. 增强教师和学生文化信念

商务活动与跨文化交际之间有着密切的联系，所以提高学生的跨文化交际能力是商务英语人才培养的一个重点。现阶段，我国不少高校都忽略了对学生跨文化交际能力的培养，也未充分引导教师意识文化信念的重要性，这为商务英语人才的培养带来了诸多问题。高校要使商务英语教师具备更强的文化信念感，在教学过程中培养学生的文化输入意识，如此才能不断提高学生的跨文化交际能力。

6.运用校企合作教学方式

商务英语涉及了很多学科，有着很强的综合性。在商务英语的学习过程中，学生需要掌握商务英语知识、外贸知识和市场营销知识等这充分表明，商务英语涉及的知识领域非常广泛。所以提高学生的商务英语语言能力和综合商务能力在商务英语教学中同样重要。高校可以寻求与企业的深度合作，通过校企合作的方式让学生的商务英语综合技能得到快速提升，一起为社会输送优秀的商务英语人才。同时，高校可以安排商务英语专业大四年级的学生到合作企业进行实习，让学生在实习中进一步掌握商务英语知识。为了保证学生实习的顺利进行，在学生实习过程中，不仅企业要安排资深的员工对学生进行岗位指导，高校也要为学生提供实习指导教师，为学生解决在实习中遇到的困惑。学生要认真对待实习，因为实习不仅可以帮助学生提前认识工作岗位，还可以让学生获得历练，能力上得到提升。通过校企合作的方式开展商务英语教学，既能提高学生的实践能力，又能培养出与企业需求相一致的商务英语人才。

7.建立商务英语专业实训基地

在现阶段的商务英语教学中，不少高校都是理论性大于实践性，这会给商务英语人才培养带来不利影响。尽管实训问题可以通过校企合作的教学方式来解决，但校企关系和地域制约了该教学方式的实施，校企合作并不能让每一个学生的实训需求都得到满足。因此，高校可以建立内部商务英语实训基地，用模拟的方式为学生营造一个真实的实训环境，同时安排优秀的双师型教师为学生提供相应的指导。学生可以利用模拟实训将理论知识与实践相结合，让自己的实践能力得到逐步提升。从而为学生将来步入工作岗位打下良好的基础。"乏味的商务英语课堂会因为实训教学而充满乐趣，学生通过模拟情境获得真实的体验，进而感受到商务活动的魅力"[①]。这时学生可以将学习由被动转为主动。

---

① 袁健.商务英语专业人才培养教学体系优化研究[J].高教学刊，2018（5）：96.

第五章

其他理论与方法在商务英语教学中的应用研究

第一节　商务英语教学中语用学的应用

一、语用学的概念

语用学，作为语言学的重要分支，致力于探讨语言在特定情境中的实际应用，尤其聚焦于人们在不同的交流环境下如何理解语言和运用语言。其核心在于研究语言结构在特定语境下所承载的实际意义，即语用意义。然而，在我国，语用学的研究与实践尚处于初期阶段，其在外语教学中的融合亦属罕见。这主要源于两方面的因素：首先，长期以来，我国外语教学主要遵循"语法—翻译"的传统模式，该模式侧重于词汇辨析、语法结构分析和复杂句子解释，却忽略了语境下话语行为的具体意义，这往往导致学生仅关注语义层面，却忽视了语用层面，从而引发理解偏差；其次，语用学在我国被引入较晚，目前尚处于理论探索阶段，多数外语教师对其了解有限，缺乏系统培训，难以在外语教学中得到有效运用。

当不同文化背景的人使用同一语言交流时，常因语用差异导致沟通障碍，这些差异往往源于文化差异。例如，英语与汉语在语法、结构和语用方面存在显著差异，这些差异不仅源于语言知识不足，还因为对目标语言文化特征的不了解。忽视文化背景将引发文化干扰，进而产生"负迁移"现象。

在商务英语教学中，虽重视语言结构与功能的训练，但教学核心在于商务环境中的语言交流。其课程设置旨在培养学生在商务场景中使用英语的能力，强调听、说、读、写、译等基本技能的培养。然而，除听、说教学较为灵活外,读、写、译教学仍受传统词汇注解和句型分析方法的束缚,这种教学方法的被动性不仅给师生带来了诸多困扰,还导致了教学效率的低下。

传统词汇注解和句型分析将语言视为静态对象,而语言作为社会现象,其发展受多种因素影响,处于动态变化之中。将语用学引入英语教学,旨在打破这一传统观念,将语言视为动态的交际工具,从多角度进行深入研究。如此,方能全面理解语言的本质,发现其独特魅力,充分发挥其独特作用。

二、商务英语阅读与写作教学中语用学的应用

在商务英语教学的全面体系中,阅读课程的重要性不言而喻。其地位在长期的传统语法翻译教学实践中得以稳固,至今仍占据一席之地,且通常遵循相对固定的教学模式。教师在课堂上的教学活动通常遵循既定的流程:首先,进行词汇的讲解;其次,进行语法的深入分析;最后,对文章大意进行译述或逐句翻译。这种教学方法之所以得以沿用,是因为它不仅符合我国教育体系的传统模式,还符合我国学生的学习习惯。然而,其局限性亦不容忽视,即可能造成课堂氛围沉闷,学生对文章难以形成整体把握,且难以在真实的语境中体验词句的实际运用。

此外,传统的英语教学方法过于强调语言知识的灌输,而忽视了语境在理解语言意义中的关键作用。这可能导致学生在脱离上下文的情况下,对句子的理解产生多种解读。因此,在阅读教学的初期阶段,加强对学生语用分析的训练显得尤为重要,这对于培养学生的语言感知能力,增强其对异域文化的敏感度,都具有显著的优势作用。

在商务英语阅读教学中,如能恰当运用言语行为、会话分析和合作原则等语用学原理,将有助于提高理解的准确性,减少误解的发生。因此,教师应以语用学原理为指导,引导学生逐步熟悉并适应英美式的思

维模式，从而提高他们的理解能力。

在传统商务英语写作课程中，教师通常注重教授文章结构的安排等写作技巧，并强调避免语法错误，却往往忽视了对学生所写材料语用含义的引导。尽管这样做能确保学生在语法和逻辑上无懈可击，但可能因语用不当而导致外国读者的误解，从而无法实现有效的交流。因此，教师在传授写作技巧的同时，应强调话语的语用含义，如指示语、前提关系等的正确运用；在分析学生写作错误时，亦应包含对语用失误的解析。这将有助于学生在写作过程中逐步增强语用意识，避免语用失误，使文章更加地道、得体。

在商务英语信函写作中，我们需遵循六个 C 的原则：Courtesy（礼貌）、Clarity（清晰）、Correctness（准确）、Conciseness（简洁）、Concreteness（具体）和 Completeness（完整）。为了吸引读者的注意，我们可以添加标题，并在动笔前进行周密的思考。运用简洁的句子和词汇描述事物，并注意句型的变化。这样，我们便能撰写出既符合商务英语写作规范，又能有效传达信息的信函。

三、商务英语听、说教学中语用学的应用

商务英语，作为一门核心专业课程，其显著特性体现在实践性和对学生应用能力的高标准要求上。此处的应用能力特指在商务交流环境下，学生不仅需展现卓越的口头表达与听力理解能力，还需掌握高效的书面沟通技巧及多样的商务操作技能。具备这些能力的毕业生，一旦被用人单位选用，将能迅速融入工作环境，发挥其专业优势，高效完成任务。

在商务英语学习中，遵循"听说领先"这一语言学习基本原则至关重要。在这一阶段，语用知识的引入对学生深入理解与掌握语言实际应用规律具有显著促进作用。以大一学生为例，口语训练往往始于基础的

英语问候用语。尽管话题简单，但若不当使用极易引发误解。在英美文化中，尊重个人隐私是其核心价值观，这在日常寒暄中尤为明显。该文化强调个人主义，被认可个人成就时，人们通常直接接受赞扬并表达感谢，以示对观点的认同并寻求共识，同时展现礼貌。相较之下，中国文化则呈现出独特的礼貌现象，面对赞誉时，中国人常展现过分谦虚，故意"否认"赞誉以示谦逊。

在听力训练中，教师应引导学生不仅关注语言形式与技巧，还需注重语体差异与语用环境。这意味着，无论口语还是听力训练，教师需从一开始就打破学生固有的思维模式，如将疑问句仅视为疑问、祈使句仅视为请求或命令的刻板印象。此外，语法分析中看似"次要"的成分，在听说训练中需从语用角度重新评估其重要性。例如，对话中的停顿时间、语气轻重及邻近语用等细节，均需在教学中予以重视。

因此，在口语和听力教学中，教师应着重培养学生的语用敏感性，提高他们对语用重要性的认识，以确保学生在实际商务沟通中能够得心应手、准确有效地表达。

第二节　商务英语教学中多模态教学的应用

一、多模态的理论认知

在语言学领域，"模态"一词涵盖了人们在交流中使用的所有交流方式和工具。它不仅包括我们通常理解的语言和文字符号，还包括非语言和非文字的符号系统，比如，图像、色彩和音乐等。"Multi-modality"，即多模态，可以分解为"Multi"和"modality"两个词根，"Multi"意味着多样的，而"modality"是指模态或方式，结合起来指的是多种模态的融合。从字面上理解,多模态就是由不同的单一感官模态结合而成的复合体。对于多模态的内涵,不同的学者有着各自的解释和阐述。

早在20世纪90年代初,"多模态"这一概念已经引起了国内外学者的广泛关注。Scollon(斯科伦)和Levine(莱文)两位学者从社会语言学的角度出发,将多模态定义为人们在交流过程中所采用的多种模态,包括语言、文字、图像、动画、气味和色彩等。此外,对于模态的理解还有以下几种观点:第一,模态是人们利用自己的感官与外部世界进行交流和互动的手段,如果仅使用一个感官进行交流则称为单模态;如果同时使用两个感官则称为双模态;而多模态则涉及三个或更多感官的同时使用,实现更加丰富的交流和互动。第二,朱永生指出,模态应该是指交流的渠道和媒介,其中包括语言、图像、颜色、音乐等符号系统。[1]第三,胡壮麟对多模态的理解指出人们每天浏览的报纸、杂志、故事书、教科书、说明书、计算机界面,甚至是人与人之间在相互交往中都离不开多模态,我们在与别人交谈时的手势、声音、表情等,都意味着使用了多模态。[2]第四,就多模态的相关概念,张德禄教授又一次提出了全新的、明确的解释,他指出"多模态话语是运用听觉、视觉、触觉等多种感觉,通过语言、图像、声音、动作等多种手段和符号资源来进行交际的现象"[3]。

---

[1] 朱永生.多模态话语分析的理论基础与研究方法[J].外语学刊,2007(5):82.
[2] 胡壮麟.社会符号学研究中的多模态化[J].语言教学与研究,2007(1):76.
[3] 张德禄.多模态话语分析综合理论框架探索[J].语言教学与研究,2009(1):24.

二、多模态教学在商务英语教学中的功能

（一）对课堂内容专业性要求的教学辅助

多模态教学可以将教学由传统单一的"板书—粉笔"的教学模式转向多模态、多种途径的复合式教学模态。在商务英语课堂中建立起媒体声音、多种图像、各种视频等教学情景，有效地对传统教学模式进行补充，特别是针对商务英语课堂教学专业性要求高的补充。例如，在商务谈判的课堂教学中，利用多媒体展现商务谈判中的实景谈判场景，让学生能身临其境地感受商务谈判中的谈判要素，才能更好地掌握商务谈判中的基本原则。利用视、听、说多媒体PPT，丰富多彩的图片等多模态的教学方式能更好地将专业性更高的商务英语课堂化难为易，让晦涩难懂的专业性知识变得更加生动、多彩而有趣，从而能让学生轻松地接受并掌握，实现知识的可视化。多模态教学模式可以将专业性较强的商务英语知识化繁为简，能将国际贸易、国际金融、市场营销、商务谈判等跨学科的相关专业知识，以动静结合的方式多维度立体地展现在学生面前，有助于提高课堂学习效率，以及增强学生的学习兴趣与个人自信。

（二）对课堂内容时效性要求的教学协助

信息技术的不断发展和科技的全面进步，多模态教学模式能够跨越国界、跨越时区，动静结合地将最前沿的商务英语知识展现在教师与学生面前。此外，多模态教学模式能够强化视觉模式、听觉模式对学生学习效率的影响，它可以采用最新、最时效的视频模式将最前沿的知识传授给学生，打破了传统无声的课本板书与课件所面临的知识老化与停滞不前的现状，有效地解决了教学目标对商务英语课堂教学内容时效性要

求高的难题，更有效地帮助了英语专业学生对商务英语知识的掌握，为国家"一带一路"倡议的发展和"民族复兴"伟大目标的实现，奠定更加坚实的人才培养基础。

（三）对课堂内容实践性要求的教学支持

商务英语课程因其高度的应用导向，对实践技能有着严格的要求。利用视觉、听觉、触觉等感官的教学手段，即多模态教学法，能够满足商务英语对实践性的高标准需求。随着科技的持续发展，为多模态教学法的执行提供了强大的平台和现代化的教学工具。商务英语仿真实训平台的创建，通过结合动态视频和静态图像以及音频资料的方法，为知识传递提供了丰富的教学资源。在这个仿真环境中，学生能够体验接近真实的国际贸易单证制作和商务谈判等实践课程，这种模拟实践有效地突破了传统依赖理论的教学局限，改变了学生仅通过书本学习的单调方式，增强了他们对商务英语的主动学习能力，同时点燃了他们的自学热情。

同时，"智慧教学"理念的兴起，进一步推动了多模态教学法在商务英语教学中的运用。智慧教学通过整合多模态教学中的视听元素，形成了一种互动性强、参与感深的教学模式。智慧课堂并非一个全新概念，它代表了将最新科技融入教学过程，以激发学生的自我驱动学习能力，并将每个学生的智慧贡献给课堂集体。这依赖于尖端电子设备和高级软件的应用，同时也为多模态教学法的实施提供了条件。多模态教学法与商务实训仿真系统及智慧教学理念的紧密结合，极大地增强了学生的课堂互动和实践技能，为培养具有国际视野的复合型人才打下了坚实的基础。

第三节　商务英语教学中混合式教学的应用

"传统教育受限于时空，在线教育受限于互动，两者各有特点，需要相互融合"①。混合式学习的核心就是基于不同的问题进行针对性的研究和解决，其融合了传统化学习及数字化学习的双重优势，在媒体的选择和信息的传递方式上，混合式学习追求效果的最优化，力求采取不同的方式加以解决。混合式教学也改变了传统教学的弊端，在教学理念、教学组织方式甚至是教学模式上都发生了实质性的变化，其不是简单的信息技术应用，而是将学习方式与教学要素有序、有效地结合起来，同时在传授途径上采用面授加网络的形式，通过教学资源的重新组织、学习活动的优化实施，来实现教学效率的提升。

在技术日益发展的时代，混合式教学也在不断改进和发展，其所涉及的网络教学技术随着信息和互联网的发展而日新月异，与此同时，传统教学与现代化的网络教学技术的融合更是提高了混合式教学的效果。

混合式教学在实践应用中，突出的特征就是各种因素、各种方面的"混合"，例如，课堂教学与虚拟教学环境的混合、常规工具与新型技术手段的混合等。同时，相比于传统教学的课内、线下、班集体等常规的教学实践来说，混合式教学表现为课内与课外的混合、线下与线上的混合、班集体与小组个别化的混合。此外，在教材的表现方式上，出现了新型的交互式电子课件，配合传统的印刷阅读教材，从而丰富了教材的呈现方式。

---

① 邵静静.开放大学混合式教学新内涵探究——基于 SPOC 的启示［J］.远程教育杂志，2015，33（3）：80.

对于混合式教学而言，其呈现的虚拟学习环境是基于硬件和软件所构成的各种新型教学技术工具，学生通过新的教学技术工具获得交流与反馈，此外，混合式教学还需要计算机、投影仪、多媒体展台等教学资源的支撑，学生需要借助课程网站、视频课件、在线交流工具等媒介来实现交互。但是混合式教学在实践应用中，受学校现实情况的限制，比如，某些学习环境条件较差，资金缺乏，硬件设备不齐全，导致学生网上自学的时间极少，相对而言最常用的还是课堂面授，但是在飞速发展的今天，随着各方面条件和环境的不断完善，或许在不久的将来，学生完全可能实现在线学习。

一、商务英语教学中的混合式教学的应用方法

（一）混合式教学与混合式学习

混合式教学与混合式学习在教育领域中的表述基本相似，当前并未有明确研究指明二者属于两个概念，部分学者表示这两个概念属于同一定义。数字化时代来临后人们实行教育改革，混合式学习改革衍生出混合式教学。学生通过混合式学习方式培养学生主动探究和学习的良好习惯，增强自我控制能力；教师使用混合式教学提高教学效率，通过教学过程的任务分割，让学生分阶段完成任务，教学效果更为显著。因此，对于混合式教学与混合式学习笔者以为二者存在一定关联性，具体差别在于关注点不同，混合式学习强调的是从学生立场来看待问题，注重的是"学"，学习过程中由学习者自行安排学习进度，主动学习知识，规划学习时间；混合式教学不仅关注学生，同样还关注教学者，从"学"和"教"两个层面入手，既强调学生在学习中要掌握的知识内容、获得的能力，也重视教师使用的教学方法、设计的教学模式等，旨在优化教学效果。

（二）混合式教学与传统教学

传统教学模式核心是教师、教室和教材，由教师负责讲解知识点，学生听讲并完成练习，通常会辅助以多媒体设备或黑板板书共同完成课堂教学。这种教学方式减少了教学成本投入，便于统一管理和授课。传统教学方式有利有弊，从优势上看可分为三点：第一，传统教学中的教师接受过专业训练，课堂教学内容经过专业、科学的规划，有明确的目标和计划，重点内容突出，已经建成完善清晰的知识体系和教学体系，学习活动有保障；第二，学生在教师有规划、有针对性的教学过程中获得的基础知识比较系统且完备；第三，教师与学生面对面授课，在此过程中教师的优良品格也会潜移默化地对学生产生积极影响。从劣势上看，传统教学方式也存在一定弊端：第一，整个教学活动中教师始终掌控全局，学生参与度不高，属于被动获取知识；第二，传统教学关注的是让学生掌握教材提供的知识，忽略了学生学习能力的培养；第三，教学模式、时间、地点固定，因而教师只能保证大部分学生进度，对于尖子生与后进生的学习难以开展针对性教学，教师分身乏术，整个教学不能覆盖到所有学生，与个性化学习原则相悖。

基于传统课堂教学的不足，人们采用了混合式教学，这种新型教学模式有效化解了传统课堂的弊端。混合式教学要求学生自主进行学习，通过学生线上学习掌握一定知识后再与教师进行课堂讨论和互动。这种教学模式打破了传统的以教师为课堂主导的课堂格局，促使学生在学习过程中拥有自己的想法和见解，从而更加积极地参与课堂互动。学生的学习状态因此转变为主动，他们的学习兴趣和学习效率也得到显著提升；同时，混合式教学的特点是教师可以借助共享平台为学生提供学习资料，而学生则可以在课前进行自主学习，了解基本知识，以便在课堂与教师交流互动。传统课堂中教师的授课时间有限，仅能够完成教材任务，其他与课题相关的知识点很难涉及，所以使用混合式教学的优点是让学生获取更多知识，拓宽视野的同时通过自主学习和探究，锻炼他们的学习能力；此外，由于传统教学中教师教学属于一对多的形式，而学生之间的层次水平不同，所以仅由教师一人负责多个不同水平学生的学习显然不能达到理想效果。在这种情况下，教师的教学进度只能顺应大部分学生的学习情况，难以兼顾每一个学生的个性化需求。使用混合式教学后学生完全可以根据自身学习水平和习惯选择学习时间和进度，自由性更大，契合学生个性化发展的原则，对教学起到积极的促进作用。

（三）混合式教学与在线教学

在线教学属于现代化新型教学模式，在学习理论和现代教育技术的指导下依托高科技设备完成教学活动，学生可通过移动终端设备或计算机获取与课题相关的教学资料。线上教学资源丰富多样，充分满足不同学生个性化学习需求，学生的学习自由度提高，解决了同步教学与异步教学问题。

在线教学的经典代表是MOOC/SPOC。通过在线教学有效弥补传统教学的不足，主要表现为以下优势：第一，学生使用在线教学拥有更多的自主性和灵活性，根据自己所需安排学习计划，不再仅仅依赖于教师设定的学习进度，同时教学内容也更加丰富，层次鲜明多样，满足学生个性化学习需求；第二，教师借助在线教学提供给学生更多与课题相关的学习资料，帮助学生拓宽视野，学生不再仅限于教材提供的知识学习；第三，以MOOC/SPOC为代表的在线教学打破传统的时空、地域限制，为学生创造更多的学习机会，培养学生的学习能力，提高学生的综合素养；第四，通过在线教学教师的工作量得到减轻，教师制作好相应课程并将其上传至共享平台，学生可自主下载学习。

网络在线教学与传统课堂教学相结合形成新型的混合式教学，这种教学模式中教师与学生属于固定集体。一方面，通过混合式教学学生学习自由度提高，扩大学习空间的同时也锻炼了学生的学习能力；另一方面，混合式学习中要求教师的监督、指导和交流也必不可少，部分学生自制力和自觉性不高，需要教师进行引导和监督，并帮助学生养成良好的学习习惯。混合式教学中教师与学生彼此熟悉，教师制订的学习计划与学生的学习情况更为契合。混合式教学中除了学生在线学习外，还需要与教师进行课堂沟通和互动，学生之间或师生之间开展探究互动，可以拓展学习深度，拉近师生之间、同学之间的距离。

混合式教学融合了网络教学和传统教学两种模式，同样也具备这两种教学模式的优点，不仅保留了线下教学师生之间直接交流的优点，同时展现了在线教学中个性化学习的特点，混合式学习凭借突出的优势获得教育领域的普遍认可，其地位不言而喻。混合式教学要求学生进行课前自学，由学生自行调整学习进度，这一过程培养了学生自主学习能力。教师负责讲解重难点，帮助学生建立系统的知识体系，师生之间不仅完成了线上互动，而且通过面授环节，教师能够针对性地解决学生的疑难问题，使得学生间的互动机会增多，在获取知识的同时也增进了彼此的感情。

二、商务英语教学中的混合式教学的应用流程

为解决传统商务英语教学存在的"痛点"，适应商务英语教学的改革与创新趋势，可以构建线上线下混合式教学模式，如图5-1所示。

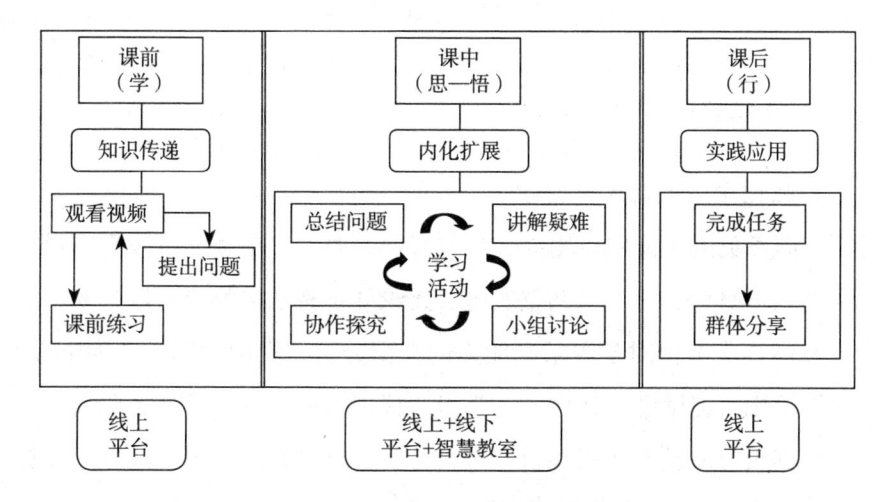

图5-1 线上线下混合式教学模式

线上线下混合式教学模式包括三个阶段：课前、课中、课后。每个阶段的侧重点不同：课前，学生以"学"为主，通过自主学习提出问题。课中，学生以"思"和"悟"为主，教师总结问题、讲解疑难，学生通过小组讨论、协作探究参与语言实践活动，达到知识的内化与吸收。课后，学生以"行"为主，通过完成任务将输入与输出、理论与实践相结合。通过这一流程的实施旨在达到两个效果：学生主动提问与探究，以及学生积极领悟与实践。

这一节将详细介绍混合式教学模式的应用流程，并将结合课例《咖啡文化走向咖啡种植者》（简称《咖啡文化》）探讨这一教学模式。教学文本来自《体验商务英语综合教程4（第二版）》教材第二单元，单元主题为"国际营销"。文本介绍了美国著名咖啡品牌星巴克如何在拉丁美洲以及世界其他国家和地区开拓市场取得的成就和计划，以及在此过程中面临的挑战。学生学习文本后，应能理解并运用营销理论，谈论与营销有关的话题，了解品牌国际化的成功案例。

（一）课前以"学"为主

1. 强化学生主动学习意识

在商务英语课程中应用混合式教育模式时，每个教学阶段都应根据具体的教学目标和方法来调整实施。无论处于教学的哪个阶段，采用混合式教学都应重视对学生基础能力的全面分析，贯彻"以学生为中心"的教育原则，辅助学生达成各个学习阶段的目标。在课前准备阶段，教师应根据预习的基本要求和目标进行分析，以混合式学习模式进一步提升学生的预习能力，全面提高他们的自主学习能力。

在课前准备阶段，英语教师应将培养学生的主动学习能力作为核心任务，帮助学生在预习阶段实现根本的学习发展目标。教师需要根据学生的专业特点和兴趣，激发他们的学习积极性，促使其在专业背景下完成预习任务。同时，为了发挥混合式教学模式的优势，教师应在预习阶段向学生传授科学的预习方法，引导他们在线上和线下相结合的学习过程中，掌握商务英语预习的核心内容和重点。这将为提高后续课堂教学效果打下坚实的基础。因此，在商务英语教学中，混合式教学模式可以通过预习环节得到有效运用，以增强学生的自主学习意识和能力。

2. 启发学生准确预习练习

采用混合式教学模式作为教学核心，能够指导学生在商务英语预习中沿着正确的路径进行学习。与传统商务英语教学相比，混合式教学的引入对学生具有显著的启发效果，它为学生提供了更精准、科学的学习方向和视角，帮助学生全面掌握英语预习材料。这种学习模式在预习阶段发挥了重要的启发功能，协助学生明确商务英语学习的路径和策略，进而在高效的学习状态下实现学习目标，为提升商务英语专业的学习成效作出积极贡献。

3.辅助学生探究学习重点

在商务英语的教学实践中,混合式教学模式尤其在课前预习阶段发挥了重要作用,它不仅帮助学生抓住英语学习的核心要点,还激发了学生对英语知识探索的热情,让学生深刻领悟英语学习的要领。混合式教学模式的深入应用,使得学生在预习时能够更高效地掌握关键内容,理解预习的核心价值。

在传统预习模式中,许多学生难以自发识别并聚焦重点,这往往导致预习效果不尽如人意。然而,通过混合式教学模式的辅助,学生得以运用科学的方法,精确挖掘并理解预习材料中的关键知识点,同时识别并解决难点问题。学生可以以初步预习为基础,在随后的课堂学习中进一步加深对这些重点的理解,从而全面提升预习技能和效果。

因此,强化混合式教学模式在商务英语教学中的应用,特别是在预习阶段,对于帮助学生初步把握学习重点,提高预习的学习成效具有重要意义。这种模式的实施有助于学生在预习阶段建立起坚实的基础,为后续的深入学习做好准备。

以《咖啡文化》一文为教学范例,在课前准备阶段,教师可以通过网络平台发布导学案,以任务驱动法为导向,引导学生自主进行预习。导学案中明确列出了各项学习任务、目标以及与之对应的课堂活动,要求学生按步骤完成。同时,课前资源涵盖了宾夕法尼亚大学关于营销概述的公开课程资料,以及星巴克公司的基本介绍,旨在为学生提供更为全面的背景知识。最后,教师建议学生通读课文,并绘制出星巴克门店数量的信息图表,以此创设学习情境,激活学生已有的知识体系,并鼓励他们基于文本内容自主提出问题和思考。

（二）课中的"思"与"悟"

1. 强调学生主体地位

应用混合式教学模式于商务英语课堂，可以显著提高学生的主体地位，培养学生的自主学习能力，助力他们实现课堂学习目标。在传统教学模式中，教师通常扮演主导角色，而学生往往处于被动接受知识的状态，这不利于学生自主学习能力和主动学习意识的培养。然而，在大学商务英语教学中，重点在于指导学生将所学英语知识有效应用于实际情境中，为他们未来的职业生涯和学术研究打下坚实的基础。如果学生缺乏主体意识，不能主动达成商务英语的自学目标，将严重影响学习成效。

教师可以利用混合式教学模式的优势，引导学生认识到自己的主体地位，增强他们的英语实践和应用能力，使学生能将所学知识有效运用于生活与工作中。商务英语教师可以通过提问引导式的教学法，结合混合式教学模式，向学生展示全面的教学方案，确保学生在课堂上能全面理解学习内容。教师的引导作用在于帮助学生确定正确的学习方向，深入探索英语知识，充分激发学生的学习潜能，使学生能够将商务英语知识应用于实际生活与工作场景中，实现知识应用的教学宗旨。

2. 活跃课堂教学氛围

创建一个充满活力的课堂氛围对于增强学生的学习成果至关重要。即便大学生已具备较强的基础学习技能，学习动力不足的问题仍旧普遍。一个活跃的课堂氛围能为学生营造多彩的学习环境，鼓励他们以积极主动的态度参与学习，有效达成学习目标，并实现高效率的学习。在大学商务英语课程中，通过采用混合式教学模式，教师能够营造一个既活跃又愉快的学习环境，激发学生的课堂参与度和探究欲，进而推动教学效率的提高。

3. 突破课堂教学难点

在以混合式教学模式为框架设计商务英语教学计划时,英语教师能够明确指出教学中的难题,借助这种教学模式的辅助,助力学生全面克服学习障碍,深入理解并掌握英语知识的关键点。尽管在大学专业教学中,不同专业领域的商务英语教学侧重点各有千秋,但它们普遍面临一些教学上的难题,这些难题不仅降低了教师的教学效率,也影响了学生的学习成效和理解力。利用混合式教学模式进行指导,可以帮助学生全面解决商务英语教学中的难题,进一步促进学生对英语学习内容的理解和掌握。因此,英语教师应当在线下针对教学中的难点问题给予学生个性化的指导,让学生在各个学习阶段都能深刻体会到这些难点,逐步而自然地理解并掌握它们,从而全面提高学习成效。

(三)课后以"行"为主

1. 提升学生复习巩固能力

课后复习和总结在商务英语教学中对于提升学生的专业学术水平具有显著的推动效果。学生在复习和巩固知识方面存在不足,这不仅因为对英语学习的兴趣不高,也因为缺乏科学的复习方法来系统化和梳理商务英语的知识点。在混合式教学模式的推进下,教师有机会教授学生正确的复习技巧,指导他们结合商务英语学习的核心要点,通过混合式学习模式进行有效复习,从而增强学生整理知识的能力,帮助他们更深入地掌握和理解学习重点。英语教师可以根据混合式教学模式的全面基础原则,制定出一套完善的复习和巩固方案,以提高学生的复习效率和知识整理技巧。在这种教学模式的引导下,学生能够更全面地理解和掌握商务英语学科的关键内容。因此,通过对商务英语教学课程的专业分析,教师可以设计出一套全面的复习方案,利用混合式教学模式来极大提高学生的知识掌握和巩固能力。

2.培养学生知识整合能力

在教育体系中，培养学生的知识整合技能对于提高他们的整体学习成效至关重要。不少学生虽然掌握了丰富的学习材料和核心知识点，但往往未能有效整合这些内容，以致学习效率不高，影响了他们将知识应用于实践的能力，难以实现教学的实践目标。通过混合式教学模式的实施，教师可以采用系统的教育策略来指导学生，帮助他们在这种学习环境下加强知识整合技巧，以实现高效率学习的目标。英语教师可以利用思维导图等教学工具，结合混合式教学模式，制订出一套全面的教学计划。这种教学方法可以帮助学生通过视觉化的思维导图来组织和展示他们的知识，利用混合式学习模式的优势，对各个教学关键点进行综合整理和梳理，从而提高学生应用知识的能力。因此，将混合式教学模式与商务英语课后复习环节紧密结合，可以有效地促进学生在知识整合方面的能力发展，确保他们的英语学习成效能够满足既定的教学目标。

3.发展学生实践应用能力

商务英语教学的核心宗旨是强调知识的实际应用，重点在于让学生熟练掌握商务英语的实用技巧，并有效地将其融入实际工作场景中。教师可以利用混合式教学模式，辅助学生将所学的英语知识具体化到实践操作中，从而全面提高他们的英语实践应用能力。为了达到这一教学目的，教师可以采取将实践活动与课堂理论教学相结合的方式，以此来增强混合式教学模式的教学效果，从而帮助学生在轻松愉快的氛围中加深对知识的理解和应用，并显著提高他们的实际操作能力和探索研究能力。课后，我们设计了多阶性、多元性的活动。我们采用了基于项目式学习的教学，项目来源于我院历年参加全国商务英语实践大赛的真实案例。在《咖啡文化》中，由于单元主题是"市场营销"，因此课后会布置与主题相关的课后任务。首先，教师课前在线上发布关于深圳凯迪服装公司准备转型在亚马逊做跨境电商的项目任务书。其次，学习小组合作调研，为凯迪公司开拓美国市场制定营销方案。在下一堂课中，学习小组以 PPT 的方式展示项目成果。最后，学习小组对每一组项目活动的过程和结果进行自评、互评和师评。

参考文献

一、中文文献

［1］鲍文.商务英语教育论［M］.上海：上海交通大学出版社，2017.

［2］曹霞.对商务英语阅读教学的几点思考［J］.辽东学院学报，2004（S1）：105-107.

［3］代丰.合作学习教学法在商务英语教学中的应用探析［J］.海外英语，2018（6）：68-69.

［4］代艳莉.高职商务英语教学中案例教学法的应用［J］.食品研究与开发，2021（21）：251.

［5］段云礼.实用商务英语翻译（第2版）［M］.北京：对外经济贸易大学出版社，2013.

［6］郭桂杭，李丹.商务英语教师专业素质与教师发展——基于ESP需求理论分析［J］.解放军外国语学院学报，2015（5）：26-32.

［7］郝晶晶.商务英语教学理论与改革实践研究［M］.成都：电子科技大学出版社，2017.

［8］何培芬.高职商务英语专业课程群网络教学共同体构建范式研究［J］.江西科技师范大学学报，2021（2）：124-128.

［9］胡壮麟.社会符号学研究中的多模态化［J］.语言教学与研究，2007（1）：76.

［10］姜伟杰.商务英语教学理论研究［M］.长春：吉林大学出版社，2016.

［11］蒋秀娟.案例教学法与商务英语课堂［J］.国际商务研究，2006（6）：57-60.

［12］李俊清.商务英语翻译实践［M］.成都：电子科技大学出版社，2017.

［13］李琳娜.商务英语教学理论与实践研究［M］.长春：吉林大学出版社，2016.

［14］李园园.商务英语教学与人才培养研究［M］.北京/西安：世界图书出版公司，2018.

［15］廖子缘.基于校企合作的商务英语教学模式研究［J］.海外英语，2021（17）：55-56.

［16］莫再树.《体验商务英语》中所蕴涵的教材建设理论与原则［J］.中国外语，2006（5）：45-52.

［17］邵静静.开放大学混合式教学新内涵探究——基于SPOC的启示［J］.远程教育杂志，2015，33（3）：80.

［18］谌莉.探析合作学习教学法在商务英语教学中的具体运用［J］.才智，2015（18）：138-139.

［19］孙迎春.商务英语教学中模块教学的应用研究［J］.高考，2018（29）：86.

［20］谭敏.多模态教学模式在商务英语课堂教学中的应用［J］.海外英语，2022（1）：143-144.

［21］王鲁男，段靖.商务英语教学中案例教学法的应用［J］.外国语文，2010（4）：96-100.

［22］肖存.基于"互联网+"背景下的跨境电商商务英语人才培养路径［J］.营销界，2019（42）：238-250.

［23］杨根培.语用学在商务英语教学中的应用［J］.湖南医科大学学报（社会科学版），2007（4）：237-239.

［24］杨兴香.加强教师职业道德修养的探讨［J］.教学与管理（理论版），2004（2）：22.

［25］余渭深.体验教学模式与《大学体验英语》的编写思想及特点［J］.中国外语，2005（4）：43-49.

［26］袁健.商务英语专业人才培养教学体系优化研究［J］.高教学

刊，2018（5）：96.

［27］苑春鸣，姜丽.商务英语翻译［M］.北京：外语教学与研究出版社，2013.

［28］张德禄.多模态话语分析综合理论框架探索［J］.语言教学与研究，2009（1）：24.

［29］张丽丽.混合式教学模式在高职商务英语教学中的应用方法研究［J］.中国多媒体与网络教学学报（中旬刊），2021（12）：138-140.

［30］张启途.论高职商务英语教学及实用性人才培养模式［J］.经济师，2006（8）：139-140.

［31］曾婧.基于体验学习理论视角下商务英语专业的教学改革研究［J］.考试周刊，2015（62）：16.

［32］曾园.基于应用型商务英语教学模式的研究与实践［J］.现代商贸工业，2022，43（16）：228-229.

［33］钟擎.基于跨文化交际的商务英语教学模式探究［J］.湖北函授大学学报，2017（24）：154-155.

［34］周梅.图式理论在商务英语听力教学中的应用［J］.海外英语，2021（6）：161.

［35］朱文忠.商务英语教学模式理论脉络、特色与实效分析［J］.广东外语外贸大学学报，2010（4）：22-27.

［36］朱永生.多模态话语分析的理论基础与研究方法［J］.外语学刊，2007（5）：82.

［37］庄玉兰.商务英语人才培养与教学改革研究［M］.北京：北京理工大学出版社，2017.

二、英文文献

［1］BRIEGER N. The York Associates Teaching Business English Handbook［M］. New York: York Associates, 1997.

［2］CRUIKSHANK J L, SCHULTZ A W. The man who sold America: The amazing (but true!) story of Albert D. Lasker and the creation of the advertising century［M］.Boston:Harvard Business Press, 2010.

［3］ELLIS A K. Research on Educational Innovations［M］. New York: Routledge, 2005.

［4］JOHNSON D W, JOHNSON R T, HOLUBEC E J. Circles of Learning: Cooperation in the Classroom［M］. Edina: Interaction Book Company, 1990.

［5］JOHNSON D W, JOHNSON R T.Making cooperative learning work［J］. Theory Into Practice, 1999(38): 67-73.

［6］KOLB A Y, KOLB D A. Learning styles and learning spaces: enhancing experiential learning in higher education［J］. Academy of Management Learning and Education, 2005(4): 193-212.

［7］SARWAR Z. The Golden Gates of English in the Golden Context［M］. Singapore: SEAMEO Regional Language Centre, 2000.

［8］STOLLER F L, MYERS C A. Project-Based Learning［M］//GRAS-VELAZQUEZ A. Project-Based Learning in Second Language Acquisition. New York: Routledge, 2019: 23.

［9］STOLLER F. Project work: A means to promote language and content［M］//RICHARDS I C, RENANDYA W A. Methodology in Language Teaching: An Anthology of Current Practice. New York: Cambridge

University Press, 2002: 107-119.

[10] WITKIN H A, MOORE C A, GOODENOUGH D R, et al. Field-Dependent and Field-Independent Cognitive Styles and Their Educational Implications [J]. Review of Educational Research, 1977, 47(1): 1-64.